Konrad Kratzsch

Die Faust-Puppenspiele
der Herzogin Anna Amalia Bibliothek
in Weimar

www.tredition.de

© 2021 Konrad Kratzsch

Autor: Konrad Kratzsch

Erstveröffentlichung in: Aurora. Jahrbuch der Eichendorff-Gesellschaft. Bd. 62. - Tübingen: Niemeyer 2002.

Umschlaggestaltung: Martin Holtzhauer unter Verwendung der Abb. „Faust und Mephisto. 2 mechanische Puppen." aus: H. Holtzhauer. Goethe-Museum. Berlin u. Weimar: Aufbau-Verl. 1969

Verlag & Druck: tredition GmbH, Halenreie 40-44, 22359 Hamburg

ISBN: 978-3-347-28291-9 (Paperback)
       978-3-347-28292-6 (Hardcover)
       978-3-347-28293-3 (e-Book)

Bibliografische Information der Deutschen Nationalbibliothek:
Die Deutsche Nationalbibliothek verzeichnet diese Publikation in der Deutschen Nationalbibliografie; detaillierte bibliografische Daten sind im Internet über http://dnb.d-nb.de abrufbar.

D as Puppenspiel führt neben den großen Theaterproduktionen nur ein bescheidenes Dasein. Seine Art der Darbietung lässt, wenn man von Fernsehaufführungen absieht, nur einen kleinen Zuschauerkreis zu, was dann auch zu einer geringeren Wirkung und Verbreitung führt.

Der Zugang zu den großen Dramen der Weltliteratur ist heute leicht, sie liegen in vielfältigen Original- und Übersetzungsausgaben in unterschiedlichsten Editionen bis hin zum Hörbuch vor. Anders ist es mit dem Puppenspiel. Da es über eine lange Zeit nur mündlich überliefert wurde, sind handschriftliche oder gar gedruckte Zeugnisse recht selten.

In der Herzogin Anna Amalia Bibliothek zu Weimar befinden sich zweiunddreißig solcher Texte, die handschriftlich - nur wenige Abschriften wurden mit der Schreibmaschine geschrieben - aufgezeichnet, wertvolle Zeugnisse dieser alten Kunst darstellen. Sie sind ein Bestandteil der „Faust-Sammlung", die mit ihren mehr als 13 000 Sammlungsstücken eine einmalige Kollektion von höchstem kulturgeschichtlichem Wert darstellt.

Ausgehend von diesem Bestand hat Hans Henning, der frühere Direktor der Bibliothek, bereits vor Jahren seine große, grundlegende Bibliographie zum Faust-Stoff vorgelegt.[1]

Nachdem bereits in den zwanziger Jahren des vorigen Jahrhunderts die Sammlung des Faustforschers Alexander Tille, der sich vornehmlich mit den sogenannten „Faust-Splittern" und mit Erwähnungen Fausts in der Literatur vom 16. bis zum 18. Jahrhundert beschäftigt hatte, von der Goethe-Gesellschaft erworben worden war, konnte in den fünfziger Jahren auch die umfangreiche bedeutende Sammlung zum Faust-Thema des 1955 verstorbenen Leipziger Arztes Gerhard Stumme[2] durch die damalige „Zentralbibliothek der deutschen Klassik" bei den „Nationalen Forschungs- und Gedenkstätten der klassischen deutschen Literatur" erworben werden. Diese Sammlungen bilden den Grundstock für jenen Sonderbestand der Herzogin

Anna Amalia Bibliothek, die damit heute wohl eine der größten Kollektionen zum Faust-Thema in aller Welt besitzen dürfte.

Aus dem Besitz Gerhard Stummes stammen nun jene zweiunddreißig handschriftlich aufgezeichneten Texte von Faust-Puppenspielen. Hans Henning hat sie aus unerklärlichen Gründen damals leider nicht mit in seine Bibliographie aufgenommen, so daß von ihrer Existenz bis heute nicht allzu viel bekannt ist.

Stumme beschreibt in seinen Erinnerungen, wie er zu diesen Texten kam: „*In der Nachkriegszeit wurde vieles veräußert, was bisher in festen Händen war. So gelang es mir, von Puppenspielern Manuskripte zu erhalten und dadurch eine Lücke der Sammlung fast zu schließen. Zwar war das Faust-Puppenspiel schon in zahlreichen Drucken vorhanden, deren Zahl in allen möglichen und unmöglichen Fassungen bis auf achtzig anwuchs, doch fehlten Handschriften so gut wie völlig. Von Johann August Billes altem Buche aus dem Jahre 1813, in Ehrhardts[3] Besitz befindlich, hatte ich schon 1906 eine Abschrift nehmen können, ebenso 1907 von der weniger wichtigen Ulmer Dokken-Komödie. Ich kannte die Namen zahlreicher Puppenspieler durch die von Ehrhardt erworbenen Zettel. Dies weckte den Wunsch nach den echten Spielbüchern. Im Jahre 1920 kam ich, - ich weiß nicht mehr, auf welche Weise - mit dem Puppenspielergehilfen Kirmse in Wilkau bei Zwickau in Verbindung, der schon lange Zeit vorher Ehrhardt in Zwickau und Plauen beim Sammeln von Puppenspielen geholfen hatte. Kirmse hatte zwar, wie er sagte, von anderen Stücken im Original oder in Abschrift hunderte bereitliegen, hielt aber bei „Doktor Faust" die Sache für wenig aussichtsreich. Allmählich gelang es ihm mit meiner Hilfe und durch Reisen im Vogtlande und in der Chemnitzer Gegend, neun Originalbücher aufzutreiben. Darunter befanden sich auch zwei ältere, das von Constantin Bonneschky aus dem Jahre 1850 und das von Zapf aus dem Jahre 1865. Kirmse nahm darüber hinaus von anderen Stücken Abschriften[4]. Kirmse ging wenige Jahre später zum Kino über, in dieser Zeit für einen Puppenspieler nichts Ungewöhnliches. Seit 1929 hörte ich nichts mehr von ihm. [...] Den Schluß bildeten meine lesbare Übertragung eines Faust-Puppenspiels aus dem Repertoire des deutsch-ungarischen*

Puppenspielers Johann Hinz. Nach dessen Aufzeichnungen hatte seine Familie in den Jahren 1842 bis 1895 in Ungarn, Bosnien, Serbien und Rumänien gespielt. Das Manuskript befindet sich in der Bibliothek der Ungarischen Akademie der Wissenschaften in Budapest. Es wurde 1925 von Robert Gragger in der Josefstädter Mundart phonetisch veröffentlicht. Die Wiedergabe in verständlichem Schriftdeutsch gelang mir nach achtmaligem Durchlesen bzw. Lautlesen."[5]

Stumme berichtet dann weiter von seinen Bekanntschaften mit den Puppenspiel-Sammlern Professor Oertel aus Schweinfurt und dem Apotheker Löwenhaupt in Offenburg, sowie dem Senior der Puppenspielforscher, Professor Kollmann.

Die wissenschaftliche Beschäftigung mit Puppenspieltexten hat erst in den ersten Jahrzehnten des 19. Jahrhunderts eingesetzt und gipfelt vorerst in der Dissertation von Gerd Eversberg von 1988.[6]

Auf Hennings Bibliographie zum Fauststoff wie auf Eversbergs Dissertation sei nachdrücklich hingewiesen.

Eine der frühesten zusammenfassenden Darstellungen und Aufbereitungen des bis dahin vorliegenden Textmaterials legte Johann Scheible in Zelle 19 „Faust auf der Volksbühne" seiner großen kulturgeschichtlichen Darstellung „Das Kloster" von 1847[7] vor. In der Abhandlung V über die älteste dramatische Bearbeitung der Faustsage aus dem Jahre 1836[8] bietet der Verfasser den Inhalt eines Faust-Spiels aus dem Gedächtnis, das er der „romantischen Poesie" (S. 719) zuordnet. Unter VI. wird eine Arbeit Friedrich Heinrich von der Hagens aus dem Jahre 1841 geboten[9], in der dieser den Puppenspieler Schütz nach der Überlieferung seines Puppenspiel-Textes befragt und jener behauptet, diese erfolge nur mündlich, was von der Hagen anzweifelt und berichtet, wie Zuhörer solche Stücke aufgeschrieben hätten: *„Indessen hatten sich schon im J. 1807-8 mehrere Bekannte verabredet, den Faust, während dessen häufiger Wiederholung aufzuschreiben;*

3

[...]" (S. 732). Anhand solcher Quellen hat schließlich Karl Simrock eine mehr oder weniger kompilierte, überarbeitete „Ur"-Fassung hergestellt[10]. Er beschreibt das in der Vorrede zu seiner Ausgabe von 1846 mit ähnlichen Worten: *„Bekanntlich lehnte Schütz alle Anfragen über das Manuskript seines Puppenspiels mit der Versicherung ab, daß es nur im Gedächtnis aufbewahrt würde. Sollte gleichwohl einmal eine schriftliche Aufzeichnung zutage kommen, so wird sie von der meinigen schwerlich in Hauptzügen abweichen."*[11] Von solcherart Überlieferung vermittelt Karl von Holtei, der selbst genügend Erfahrungen mit fahrenden Leuten besaß, in seinem Roman „Die Vagabunden"[12] einen Eindruck. Er beschreibt das so: *„Lassen Sie mich, rief er aus, gleich heute mein Probestück ablegen; vertrauen Sie mir einige Röllchen an. Wo ist das Buch, aus welchem Sie spielen? Ich will's eiligst überlesen, und dann mögen Sie entscheiden, ob Sie mich gebrauchen können.*

Ein Buch? antwortete Herr Dreher; ein Buch, mein Lieber, giebt es nicht; weder die Belagerung von Bethulia, noch irgend ein ander Stück ist aufgeschrieben. Wir Puppenspieler sind eine alte Zunft, ein Ueberbleibsel aus ,die finstere Zeiten!' Bei uns erbt sich's von Vater auf Sohn, Einer lernt vom Andern auswendig, und hernach trägt er die ganze Geschichte im Kopf mit sich herum. Jeder von uns hat müssen einen Schwur ablegen, daß er niemals eine Zeile niederschreiben will, damit's nicht in unrechte Hände kommt, die uns das Brot wegnehmen. Jetzund leben unserer vielleicht noch vier, oder drei, von der Nürnberger Schule. Wenn wir ausgestorben sind, sterben unsere Komödien mit uns aus. Denn das Gelübde müssen wir halten. Bei mir findet sich nach meinem Tode auch nicht eine Sylbe vor, nicht von gedruckt, nicht geschrieben. In Berlin freilich haben sie einen Collegen von mir garstig betrogen. Da sind die Gelehrten hinterd'rein gewesen und haben sich den Doctor Faust so oft vorspielen lassen, daß sie endlich das ganze Stück mit Bleifedern während der Aufführung auf Papier gebracht, und einer - Horn, glaub ich, war sein Name - hat's gar drucken lassen. Das nenn' ich gestohlen."

Solcherart Übermittlung des Textes ist sicher der Anlaß dafür, daß in den erhaltenen, gegen Ende des vorigen und in den ersten Jahrzehnten des 20. Jahrhunderts aufgezeichneten Texten sich einige Grundmuster erkennen lassen, die Stücke sich aber in so manchen Details unterscheiden. Betrachtet man die zweiunddreißig Stücke der Stummeschen Sammlung und vergleicht sie mit den frühen gedruckten Zeugnissen aus dem „Kloster", so wird das offensichtlich. Bearbeitungen von Germanisten wie Karl Simrock oder Carl Höfer folgen mehr einem artifiziellen Interesse, in dem sie die Szenen der einzelnen Stücke auseinandernehmen und wie Versatzstücke einander neu zuordnen und verbinden, um so ein „Ur-Stück" zu rekonstruieren, das der gültigen Dramentheorie entspricht. Damit drohen sie jedoch die Perspektive zu verschieben, weil sie die Logik des Aufbaus und die sprachliche Ausformung zu sehr glätten.

Folgt man den bei Scheible abgedruckten Texten, so ergibt sich folgende Grundstruktur des Faust-Puppenspiels: 1. Faust hadert mit seinem Schicksal. - Nur im Ulmer und im Straßburger Puppenspiel setzt die Handlung mit der Beschwerde des Charon[13] ein, der sich über den Rückgang seines Fährlohns beklagt, weil zu wenig Menschen in die Unterwelt gebracht werden müssten. - 2. Faust erhält eine Zauberanleitung. - 3. Kasper wird als Diener angestellt. - 4. Faust beschwört die Unterirdischen, befragt sie nach Namen und Schnelligkeit. Daraus wählt er den geschwindesten, Mephistopheles, aus, der angibt, so schnell wie des Menschen Gedanken zu sein. - 5. Kasper beschwört ebenfalls die Teufel, mit denen er dann Schabernack treibt, sich selbst aber nicht für die Hölle gewinnen läßt. - 6. Faust schließt einen Vertrag mit dem Teufel auf eine bestimmte Zeit. - 7. Faust am Hofe des Herzogs von Parma. Er läßt historische oder biblische Gestalten erscheinen. - 8. Faust muß vor einem Mordanschlag aus Parma fliehen. - 9. Kasper, zur Strafe von Faust in Parma zurückgelassen, weil er dort den Namen seines Herrn preisgegeben hatte, kehrt mit teuflischer Hilfe nach Wittenberg zurück, wo er dann als Nachtwächter tätig ist. Der Weg dorthin führt ihn durch die Hölle, wo er die Höllenstrafen kennenlernt und sieht, welche Marter dereinst Faust erwartet. - 10. Faust versucht am Ende seines Lebens den Weg zurück zum Heil zu finden. - 11. Mephistopheles gewinnt wieder Gewalt über Faust, in dem er diesem eine Verbindung mit der schönen Helena vorgaukelt, die sich aber dann in eine höllische Furie verwandelt. - 12. Fausts Wehklage und jämmerliches Ende.

Diesem Grundschema folgen die bei Scheible abgedruckten Texte: die von Johann Leutbecher 1838 veröffentlichte Fassung, die Franz Horn in seiner „Geschichte der deutschen Poesie und Beredtsamkeit" erwähnte (1), die von der Gesellschaft von Schütz und Dreher aufgeführte Fassung, die Friedrich Heinrich von der Hagen 1841 vorstellte (2); jenes Spiel, das Emil Sommer in Ersch/Grubers „Allgemeiner Enzyklopädie der Wissenschaften und Künste" 1845 (3) beschreibt; das Geißelbrechtsche Puppenspiel, das bereits 1832 durch Oberst von Below in 24 „buchstäblichen Abdrucken" veröffentlicht worden war (4), weiter der Text des Ulmer Puppentheaters (5), die Bearbeitung Christoph Winters für das Kölner Puppentheater (6) und die Fassungen für das Augsburger (7) und das Straßburger Puppentheater (8).

Bereits im 1. Akt unterscheiden sich die Texte, der jeweiligen Intention ihrer Spieler folgend. Wie gravierend das sein konnte, belegt eine Notiz im Textbuch Geißelbrechts, der gegen Ende seines Lebens solche Stellen aus der Aufführung gestrichen wissen wollte, die gegen den christlichen Glauben verstießen. Faust sucht zunächst den Weg über die Nekromantie, über die Geisterbeschwörung, zu den Unterirdischen, um Reichtum zu erwerben, der seine mißliche wirtschaftliche Lage verbessern soll, dann erstrebt er mit Hilfe der Unterirdischen in der Wissenschaft zu höchstem Ruhm und Gelehrsamkeit zu gelangen, um damit Reichtum zu erwerben. Dabei geht die Aktivität von Faust aus. Ein anderer Aspekt aber ist der, daß der Fährmann

Charon sich bei Pluto, dem Herrn der Unterwelt (Hades), beschwert, daß sein Fährlohn immer weniger würde, weil er nicht mehr so viele Sünder über den Acheron zu bringen habe, worauf Pluto seine Teufel beauftragt, mehr verworfene Seelen zu gewinnen, um für Charon einen höheren Gewinn zu sichern.

Damit geht die Aktivität auf den Teufel über, Faust ist hierbei nur noch Opfer, er ist damit von vornherein verloren, denn er ist nur Spielball der höllischen Mächte. Er wird somit unschuldig schuldig. So strebt Faust danach, sich mit Hilfe des Teufels *„höhere Genüsse zu bereiten und in die Geheimnisse einzudringen"*. (1) - Faust, verlacht, ohne wissenschaftlichen Erfolg, ist am Ende. Da erklärt ihm ein Abgesandter des Plutonischen Reiches, daß er ihn glücklich und vollkommen auf der Oberwelt machen wolle. (2) - Als Faust sich über die Vergeblichkeit seiner Studien beklagt, verspricht ihm die höllische Stimme Ruhm. (3)

Geißelbrecht beginnt die Situation mit einem Vergleich, nach dem der Tagelöhner besser entlohnt werde als der Wissenschaftler. Mit dem Tagelöhner aber wolle sich Faust nicht gleichstellen. Sein Hochmut verlangt, *„in das verborgene einen tiefen blick zu machen, um die natur zu ergründen"*, denn sein bisheriges Forschen habe ihn nur bis zum Schuldturm gebracht. Und später formuliert er sein Ziel: *„nun zittert vor mir, ihr unterirdischen geister, zittert vor mir, ihr bewohner des tiefen Tartarus, Faust wird euch zwingen, die verborgenen schätze zu liefern, die so viele iahre in der erde gemodert haben."* (4)

Im Ulmer Spiel taucht zuerst Charon auf und fordert eine höhere „Gasche" [Gage]. Pluto will daraufhin das *„höllische Reich vermehren"*. Er schickt seine Teufel aus, um die Laster der Welt zu vermehren, es sollen *„die Sekten unter einander falsch disputieren, das Vorderste zum Hintern kehren; die Kaufleute, falsche Gewicht, falsche Ellen führen; das Frauenzimmer hoffärtig seyn, Unkeuschheit treiben; auf den Universitäten, wo die Studenten zusammenkommen, lehret sie fressen, saufen, schwören, zaubern, zanken und schlagen, das sie mit ihren Seelen in die Hölle fahren."* Dafür ist Faust ein willkommener Partner, weil er bereit ist, die Theologie aufzugeben, um mit Hilfe der

Magie alles (in der Natur) *„zu sehen und mit Händen zu greifen"*. Dabei ist anzumerken, daß dies nur für eine bestimmte Zeitspanne gedacht ist und daß alles seinem Willen unterliegen solle: *„Fauste, entsetze dich nicht, es geht alles nach deinem Willen."* (5)

Im Kölner Spiel (6) fordert Faust sogleich, ohne großes Vorspiel: *„So sage mir ohne weitere Umstände, ob du mir in allen vierundzwanzig Jahren dienen und mich zum ersten Schwarzkünstler der Welt machen, auch mir alles, was ich nur denken und wissen mag, wirst verschaffen können."*

Das Augsburger Spiel (7) zeigt einen Faust, der die Bestimmung des Menschen darin sieht, in der von ihm einmal gewählten Profession Höchstleistungen zu erzielen. Mit Hilfe der unterirdischen Höllenmacht sucht Faust seine *„Lust, koste es Leib und Seele."* Seine Haltung drückte höchste Hybris aus.

Während im Ulmer Spiel (5) die Klage Charons zu einem noch allgemeinen Aufruf Plutos führt, *„das höllische Reich zu mehren"*, verbindet der Text des Straßburger Spiels (8) das Bemühen Plutos, Charon zu helfen mit einer Faustgestalt, die, den Teufeln gleich, gegen Gott aufbegehrt. Charon hatte vorher über die minderwertige Teufelsware geklagt: *„Was nützt mich dann und wann ein Banqueroutier? Diese sind meine Mühe nicht werth."* Da wird berichtet: *„Johannes Faust, ein kühner Sterblicher, der die Kunst erfunden, die Bücher, das gefährliche Spielzeug der Menschen, die Verbreiter vieler Irrthümer, auf eine leichte Art tausend- und tausendmal zu vervielfältigen, hadert gleich uns mit dem Schöpfer [...]"* Sogleich erteilt Pluto an Mephistopheles folgenden Auftrag: *„Dich, den geschmeidigsten Verführer, den grimmigsten Hasser der Menschheit, fordre ich auf, mir die Seele des Kühnen durch deine Mühe zu erkaufen; fahre hinauf, verjage den Durst der Weisheit aus seinem Gehirn, senge durch das üppige Feuer der Wollust die edlen Gefühle seiner Jugend aus seinem Herzen. Treibe ihn hastig ins Leben, daß er sich schnell überlade: Wenn dann der Sinn der Wollust und des Genusses in ihm verdampft ist und der innere Wurm erwacht, so zergliedere ihm mit höllischer Beredtsamkeit die Folgen seiner Thaten; ergreift ihn dann Verzweiflung, so schleudre ihn herunter, und* *kehre siegreich in die Hölle zurück.*" Damit ist Faust bereits ein Teu-felsbraten, noch bevor er über den Zustand der Welt klagt und sich an die Hölle wendet, weil er zu verarmen droht. Die Akti-vität geht von der Hölle aus, Faust reagiert nur noch auf ihre Verlockungen.

Anhand des ältesten Textes der Stummeschen Sammlung, dem von Johann August Bille, soll zunächst in einer umfassen-deren Inhaltsangabe ein Stück vorgestellt werden, dessen Text etwas weiter verbreitet ist.

An den zweiunddreißig Texten der Stummeschen Sammlung wird deutlich, daß sich eine Grundhandlung durch alle diese Stücke hindurch zieht, wie sie anhand der gedruckten Texte be-schrieben wurde, daß aber die Texte jeweils eigene Ausprägun-gen erfahren haben. Auch wenn diese auf den einen oder ande-ren Grundtext zurückgeführt werden können, so wird im origi-nalen Spielbuch die Freude am Fabulieren ebenso deutlich, wie das teilweise Unverständnis dessen, der den Text aufgezeichnet hat. Dafür gibt es zwei Erklärungen. Da ist zunächst die Unbe-holfenheit dessen, der den Text aufzeichnete, aber die Schrift-sprache so wenig beherrschte, daß er nur phonetisch nachzu-schreiben vermochte, was er da hörte, sei es nach Diktat des Spielers, sei es als Aufzeichnung aus dem Gedächtnis nach ein- oder mehrfach besuchter Vorstellung oder als Aufzeichnung während des Spieles selbst. Der jeweilige Sprachduktus, der sich bei einigen der Aufzeichnungen erst beim lauten Lesen erken-nen läßt, weist zwar auf die Landschaft hin, aus der der jeweilige Spieler herkam, gibt aber noch lange keinen sicheren Hinweis auf die Herkunft und die Quelle des Stückes. Auch über das intellektuelle Vermögen oder Unvermögen des Spielers vermag der Text keine sichere Auskunft zu geben, weiß man doch nicht, wie eng sich der Spieler an den geschriebenen Text gehalten hat, zumal in einigen Stücken auf freie Improvisation des Schaustel-lers hingewiesen wird durch ein ausdrückliches „Ex tempore". Logik in der Gesamtanlage der Handlung ist nicht besonders ausgeprägt. Man kann aber durchgängig sagen, daß die alte Warnung vor dem Teufelsbündnis die Tendenz des Faust-Spieles bestimmt. Jedoch die Akzentsetzungen, die sowohl im Handlungsaufbau, wie auch in der Struktur der Personen angelegt sind, sind dem jeweiligen Puppenspieler verpflichtet, denn dargestellt wird die Handlung nicht durch Charaktere, sondern durch Typen.

Bei den vorliegenden Stücken sind es vierundzwanzig, die dem ähneln, was Simrock auf der Grundlage des ihm zur Verfügung stehenden Textmaterials kompiliert hatte. Dennoch sind auch hier wiederum drei verschiedene Grundmuster zu erkennen:

1. Eine kleine Zahl beginnt mit dem Charon-Vorspiel. Hier beklagt sich der höllische Fährmann Charon, der aus der antiken Mythologie übernommen wurde. Daraufhin ruft Pluto seine Teufel herbei, die künftighin fleißiger danach trachten sollen Menschenseelen für die Hölle einzufangen, damit sich Charons Fahrten wieder lohnen. Wichtig ist dabei, daß es weitaus lukrativer für die Hölle ist, die Seele eines Wissenden wie Faust zu gewinnen, als die eines straffällig gewordenen „armen Teufels", der ohnehin in die Hölle muß.

2. Am Beginn tritt zunächst Kasper mit seinen lustigen Sprüchen auf und sucht eine Beschäftigung als Diener, die ihm reichliches Essen und Trinken bei geringster Arbeit verspricht. Der Einstieg mit Kasper am Beginn der Exposition, bei der Faust erst später hinzukommt, setzt sogleich Prioritäten.

3. Die Handlung setzt mit Fausts Wehklagen über seine missliche Lage ein, aus der ihn nur Magie, das bedeutet, ein Pakt mit den höllischen Geistern retten kann. Auch hierbei gibt es wieder drei Ausgangssituationen: Faust klagt allgemein über Armut; Faust klagt über seine Erfolglosigkeit als Wissenschaftler, die ihn nicht zu Ruhm und Ehre kommen lässt

und schließlich klagt Faust darüber, daß seine wissenschaftliche Leistung zu gering honoriert würde, er deshalb in Armut gefallen sei, ein Tagelöhner verdiene mehr als der Forscher.

Das Handlungsschema des größten Teils der Faust-Puppenspiele wird von zwei Handlungssträngen bestimmt, der Faust-Handlung und der Kasper-Handlung, wobei der Kasper verschiedene Namen trägt, Kasper, Kaspar, Hans Wurst u. a. Beide Handlungen berühren sich im Stück immer wieder, sie sind unterschiedlich ausgeprägt und machen somit die Zwiegesichtigkeit des Stückes aus. Als Verbindung dieser beiden Handlungsstränge wirken Fausts Famulus, zumeist Wagner geheißen und der teuflische Verführer Mephistopheles, dessen Name unterschiedlich geschrieben wird und oft nur als Abkürzung steht. Je nach der Gewichtung der Handlung auf eine der beiden Gestalten erwächst der tragische oder komische Charakter des Stückes.

Die Gesamthandlung des Spiels lässt sich in Einzelszenen zerlegen, die unterschiedlich breit angelegt sind und in der Abfolge variieren.

Wir geben eine etwas umfänglichere Inhaltsangabe eines originalen Stückes von Friedrich Hentschel, das Stumme von Max Kirmse erhalten hatte (Nr. 5 des Verzeichnisses der Puppenspieltexte aus der Sammlung Stumme).

1. Akt. Stadt.
Kasper trifft in Wittenberg ein. Er sucht eine Herberge, weil ihn sein Felleisen mit dem Schneiderwerkzeug - Zwirn, Nadeln, Bügeleisen - auf seine nach dem Rat seiner Großmutter übereinander genähten zwölf Hemden drückt. - Er stößt mit Wagner zusammen, reagiert auf ihn äußerst grob, als der ihm mit gutgemeintem Rat in der Kasper unbekannten Stadt zu helfen versucht. Wagner befragt Kasper nach Herkunft und Ziel, sowie seinem

„Medje" [Metier]. Kasper erklärt, er sei ein „Menschen-
bekleidungsrath", ein Schneider, dem aber das Sitzen
nicht bekomme. Deshalb reise er durch die Welt und suche eine Anstellung als Dienstbote. Das kommt Wagner
gerade recht, da der einen solchen sucht. Sie verhandeln
lange über den Lohn, weil Kasper nicht rechnen kann,
dann fragt Kasper nach Wagners Namen, den Kasper
nun wieder mit der Berufsbezeichnung Wagner (Stellmacher) verwechselt, dann nach dem Namen seines künftigen Dienstherren. Als er Faust hört, will Kasper gleich
wieder aufkündigen, erinnert ihn der Gedanke an eine
Faust an schlimme Tanzbodenerlebnisse, wo er mit Fäusten schlechte Erfahrungen gemacht hat. Doch dann
kommt es doch zur Einigung: „*Na da bin ich neugierig, was
das für ein Dienst ist, na wenn ich nur nicht viel arbeiten muß den
das Arbeiten ist mir verhaßt das wen ich den erwische der die Arbeit
erfunden hat, den thät ich kalt machen, das ich mich in meinen alten
Tagen nicht mehr plagen müsste. Hols der Teixel noch einmal*".

2. Akt. Fausts Studierzimmer - Tisch - Buch - 2 Stühle -
Zauberkreis
Faust in tiefster Verarmung, vom Schuldturm bedroht,
aus dem es für ihn keine Befreiung gäbe, sieht nur noch
eine Rettungsmöglichkeit in dem Buch der Nekromantie,
das er von zwei Studenten erhalten hat. Doch ehe er sich
der ergibt, will er noch einmal die Geister der Ober- und
die der Unterwelt befragen, was er tun soll. Engelsstim-
men raten ihm, das Studium der Theologie fortzusetzen,
die Stimmen der Unterwelt raten ihm, sich der Nekromantie zuzuwenden, „*Du wirst der reichste Mann auf Erden
sein.*" So entscheidet sich Faust für die Nekromantie, er
tritt in den Zauberkreis, um die Geister der Unterwelt zu
zitieren, die sollen ihm nun behilflich sein, die Erfindung
„*der Buchdruckerkunst in kurzer Zeit zu vollenden*". Die Teufel
erscheinen, Faust fragt sie nach ihren Namen, ihrer

Schnelligkeit und nach ihrer Machtvollkommenheit. Auerhahn ist *„so schnell wie der Vogel in der Luft"*, Cornelius ist *„so geschwind wie die Kugel aus dem Rohr"*, Fizepuzel ist *„so schnell wie die Schnecke am Zaun"*, schließlich erscheint als letzter einer: *„Mein Name ist Mephistofiles. Ich bin so schnell wie der menschliche Gedanke oder besser gesagt, der Übergang vom Guten zum Bößen* [...] *Meine Macht geth über den ganzen Erdball. Mir sind die Schätze der Unterwelt anvertraut und Jeden den ich diene stehen sie auch zu Gebote. Nun sage mir mit was kann ich dienen?"*

Es gilt nun zunächst die Gläubiger zu befriedigen und danach die Erfindung der Buchdruckerkunst zu vollenden. Dienen soll der Teufel vierundzwanzig Jahre. Mephistopheles erfüllt die ersten Wünsche gerne und leicht, doch der Zeitraum von vierundzwanzig Jahren ist ihm zu lange, zwölf Jahre will er dienen. Einigung ist nur durch Täuschung möglich: *„Ich diene ihm zwölf Jahre bei Tag und zwölf Jahre bei Nacht, das sind vierundzwanzig Jahre"*. - Diese Rechnung wird immer wieder aufgemacht, nur ist sie in der Beweisführung nicht in jedem Spiel so klar dargelegt. - Nun aber stellt auch der Teufel seine Bedingungen. Faust soll 1. Gott und die Kirche verfluchen; 2. den Bund seiner Ehe lösen und nie wieder einen neuen eingehen; 3. drei Mordtaten begehen. Letzteres weist Faust zunächst empört zurück, fragt dann aber doch nach den vorgesehenen Opfern: Vater, Mutter und Ehweib. Wieder lehnt Faust ab, doch Mephistopheles erpresst ihn mit dem Hinweis auf den drohenden Schuldturm. Als einziger Ausweg bleibt für Faust nur das Bündnis mit dem Teufel, aber bei den Morden möchte ihm der Teufel doch behilflich sein. - Hier dient das Teufelsbündnis der Befreiung Fausts aus materieller Not. In anderen Stücken wird das anders motiviert werden. - Mephistopheles will Faust gerne helfen, nur müsse der den Vertrag mit seinem eigenen Blute unterschreiben. Da erscheinen zwei Buchstaben, F und S, die Faust raten, zu fliehen, doch der weiß nicht wohin, jedoch Mephistopheles weiß es: *„In die Arme Deines getreuen Mephistofiles.“* Nun begehrt Faust nach Wien gebracht zu werden *„und dort auf der hellen Donau Kegel schieben und alle Wiener sollen zugegen sein. Sie werden lauter Schwarzkünstler bewundern“.* Mephistopheles soll ihn in der Gestalt eines Jägers begleiten, ein Hund würde nicht in eine jede Gesellschaft passen.

Mephistopheles freut sich über den Seelenfang: *„Bis jetzt hatte ich es nur mit Lumpenpack zu thun, aber so ein Mann wie Faust ist, der Gutes und Bößes zu unterscheiden weiß, den hab ich noch nicht gehabt. Es wird mir noch manchen Schweißtropfen kosten, ehe es mir gelingen wird ihn in unsere Hölle zu bannen. Jedoch wenn es gelingt, dann soll es ein Gaudium für die ganze Hölle sein.“* - Faust erscheint hier als Opfer der höllischen Listen und Ränke, das schuldlos schuldig wird. -

Wagner hat Kasper den Auftrag erteilt, im Zimmer Fausts aufzuräumen. Da findet er den Zauberkreis, den Faust vorher benutzt hatte. Nun fordern Stimmen Kasper auf, in den Ring hineinzusteigen. Im Kreis findet Kasper ein Buch, in dem er herum buchstabiert. Zunächst liest er Rezepte, bis er das Wort „Berlak“ liest und im Nu die Teufel erscheinen. Nach einem fruchtlosen Disput zwischen Kasper und den Teufeln will der die wieder verschwinden lassen, das gelingt ihm erst, als er das Wort „Berlicke“ liest. Die Teufel verschwinden. Durch ständiges, immer schnelleres Lesen der beiden Beschwörungswörter lässt Kasper die Teufel auftreten und wieder verschwinden.

3. Akt. Saal bei Faust - Faust ist jetzt reich.
Faust will seinen Angestellten Kasper näher kennenlernen, Wagner soll ihn holen. Als Kasper wegen seines lauten Sprechens von Faust gerügt wird, rechtfertigt sich der unter Hinweis auf den Rat seiner Großmutter: *„Ich sollte recht laut und deutlich sprechen und schaff dir nur eine grobe Stimme an, das die Leute immer Respekt vor dir haben.“* Kasper

gibt Auskunft über sein bisheriges Arbeitsverhältnis. Dort hatte Kasper beim Aufräumen Geld und eine goldene Uhr, eine Repetieruhr, gefunden, die er an sich genommen hatte, um damit bei seiner Pauline an Ansehen zu gewinnen. Als man den Diebstahl entdeckt, wird Kasper mit Schlägen aus dem Haus gejagt. Faust anerkennt die Ehrlichkeit Kaspers, der so offen seine Vergehen erzählte und belohnt ihn, indem er ihn als den Verwalter seines Hauswesens einsetzt. Doch Kasper will nicht schon wieder arbeiten müssen, ohne vorher erst einmal tüchtig gegessen zu haben. Faust akzeptiert das, Kasper solle in den „Schwarzen Adler" gehen und dort auf die Rechnung seines Herrn essen.

Faust, allein, er wartet auf seinen Vater, der kommen müsste, um „sein Monatsgeld" zu holen, das Faust dem Vater schuldig geblieben war. Nun will Faust den Betrag verdoppeln. Fausts Vater ist erstaunt über die Veränderungen in Fausts Haushaltung, wünschte aber, daß sein Sohn doch besser wieder bei ihm auf dem Lande wäre, denn in der Stadt habe er das Geld doch nur vom Teufel: *„Heute Morgen kam ein fremder Mann zu mir, er stellte sich vor deine Mutter in einer höllischen Gestalt und sagte: Sieh her Alte, so ein Scheusal ist auch Euer Sohn geworden. O weh, die gute Mutter sank zusammen und starb in Schmerz und Verzweiflung."* Vor ihrem Tode habe sie noch ihren Sohn verflucht. In der Stadt dann habe man ihn vor dem Sohn gewarnt, der sei dem Teufel verfallen. Faust streitet das ab. Darauf erinnert ihn der Vater daran, unter welchen Entbehrungen die armen Eltern dereinst ihm das Studium ermöglicht hatten. Kniend bittet der Vater den Sohn um Rückkehr und Abkehr vom Bösen. Als Faust die Bitten des Vaters zurückweist, ruft dieser im Zorn: *„Du willst also nicht? Du ehrvergessener Sohn. Komm her, ich will dich selbst erwürgen, ehe du ein Opfer der Hölle wirst."* Im Handgemenge bringt Faust den Vater um, der sterbend seinen Sohn verflucht. Das war der dritte Mord, denn bereits am Morgen hatte Faust durch vergiftete Schokolade sein Weib getötet. Faust möchte nun von allem dem nichts mehr wissen, Mephistopheles möge ihn nach Parma zur Vermählungsfeier des Herzogs bringen. Dort will Faust seine Kunst „*produzieren und damit deine Teufel auch dabei Etwas zu thun haben, so sollen sie mir den Weg durch die Luft mit Feuerpflaster bauen und schnell wieder wegreißen, damit von Faust keine Spur mehr zurück bleibt.*" Kasper soll Faust begleiten, aber Mephistopheles hat Bedenken wegen dessen Plauderhaftigkeit. Da verlangt Faust, Mephistopheles solle nur dafür sorgen, daß Kasper Fausts Namen erst dann nennt, wenn er seine Kunststücke vorgeführt habe.

Im Hause Fausts trifft Kasper auf Mephistopheles, von dem er in grober Weise ein Trinkgeld fordert, weil Hausknechte grob sein müßten. Mephistopheles gibt sich als Fausts Leibjäger zu erkennen und will mit Kasper Brüderschaft schließen, er bekennt gleichzeitig, daß er aus der Hölle stamme. Kasper erkundigt sich sogleich nach seiner Verwandtschaft, die in der Hölle wäre, vor allem nach seiner Großmutter, „*die sitzt ganz hinten in der Hölle und flickt den kleinen Teufeln Bärlätschen.*" Kasper, der seinem Herrn nach Parma folgen soll, reitet auf einem Drachen durch die Luft davon.

4. Akt. Garten. - Herzog, Herzogin, 2 Minister.
Kasper kommt durch die Luft geflogen und fällt in den Garten. Der Herzog befragt ihn nach seinem Herrn. Dessen Namen dürfe er nicht preisgeben, erklärt Kasper, doch als man ihm mit Strafe droht, deutet er pantomimisch auf seine Faust. Kasper erklärt dann, daß Faust seine Kunst bei ihm gelernt habe. Nun soll er etwas vorführen, er bietet eine Sintflut an, einen Kometen oder eine Mondfinsternis in Baumwolle eingewickelt. Da erkennt die Herzogin, daß sie es mit einem Narren zu tun haben. Als Faust auftritt und sogleich mit seinem Namen

angesprochen wird, ist er sehr verwundert. Die Herzogin ist von der schönen Erscheinung Fausts überwältigt. Faust soll nun Kain und Abel erscheinen lassen, die Enthauptung des Holofernes durch Judith, David und Goliath, den Selbstmord der schönen Helena. Faust wird zur Belohnung für seine Darbietung an die herzogliche Tafel gebeten, doch Mephistopheles warnt ihn, man trachte Faust nach dem Leben. Er will ihm als Ersatz nun andere Vergnügungen bereiten, Kasper aber solle zur Strafe in Parma zurückbleiben, weil er trotz des Verbotes den Namen seines Herrn preisgegeben habe. In seiner Not bittet Kasper Mephistopheles um Hilfe, der fordert Kaspers Seele als Lohn. Er habe aber eine Seele ebenso wenig wie Blut, weil er nur eine Holzpuppe sei. Mephistopheles will Kasper trotzdem nach Wittenberg bringen, weil sie dort einen Nachtwächter brauchen. Kasper solle aber vorerst ein Töpfchen besorgen und sich hineinsetzen. Mephistopheles wolle dann Gold regnen lassen. Fizeputzel soll Kasper durch die Hölle nach Wittenberg bringen. Der Topf zerbricht aber in der Luft.

5. Akt. Stadt Wittenberg.
Kasper singt die Stunden aus und berichtet dann von der Veränderung seines Lebens, es sei ganz anders als bei „Meester Fäustling" und von seiner Reise durch die Hölle, die ihm wie ein großes Cello erschienen sei, mit lauter Lichtern, den Lebenslichtern der Menschen. Kaspers sei nur noch ein kleines Stümpfchen gewesen, da habe er den kleinen Teufel Fizeputzel beredet, für ihn sogleich ein neues anzuzünden: „*Jetzt bringt Euch der Kerl eins geschleppt so groß wie ein Kirchthurm* [...] *Nachher zeigte er mir ein anderes Loch, da war ein glühender Stuhl drinnen. Ich fragte, wär setzt sich den drauf auf den glühenden Stuhl und da sagte er das wär den Meester Fäustling sein Ruheplätzchen.*" Nun tritt Anna Backetudel auf: „*Ich bin eine reine Jungfer und hab nur sieben Kinder und keinen Mann.*" Der Nachtwächter Kasper rügt

sie, weil sie so spät noch auf der Straße ist. Sie habe sich mit ihrem kleinen Obsthandel verspätet, ob Kasper sie nicht heiraten wolle, ihre Kinder verdienten ihren Unterhalt bereits selbst. Doch Kasper wehrt sie ab und arretiert die weinende Alte.

Auch Faust ist wieder in Wittenberg, voller trüber Vorahnungen, aber mit dem Vorsatz zur Reue: *„Ich werde heute mein sündhaftes Leben brechen und zu Gott um Verzeihung beten, den heut vor 12 Jahren war es, wo ich mich dem Satan verschrieben habe die andern 12 Jahre werd ich ihm erlassen.“* Mephistopheles überrascht den betenden Faust, und als der dem Teufel absagen will, erklärt ihm jener: *„Du bist mein Faust, den wisse in einer Stunde bist du mein. Die Hölle wird triumphieren, wenn ich so einen Mann wie den Doktor Faust bringe.“* Der Teufel erklärt Faust den Betrug bei der Berechnung der Vertragsdauer. Nun beginnt Fausts große Weheklage: *„Ich bin also hintergangen worden. Welch eine Angst durchbebt meine Glieder. Tausende von Martern und Qualen peinigen mich! Ja ich kann nicht zu Gott beten. Die schönsten Namen habe ich ins Unglück gestürzt und tausend von Sünden lasten auf mir. O ich Unglücklicher Mensch: O hätte mich doch meine Mutter im ersten Bade ertränkt.“* Zum verstörten Faust kommt Wagner, dem er von seinem Teufelspakt und seinem nahen Ende berichtet. Wagner solle Fausts Bibliothek verbrennen, damit sie niemandem schade. Da kommt der Nachtwächter Kasper und droht den beiden, sie wegen „Polizei widrigen“ Verhaltens zu arretieren, 12 Uhr dürfe nur er noch auf der Straße sein. Faust bietet Kasper einen Kleidertausch an, der erkennt die Absicht: *„Sonnach soll ich mich wohl vom Meester Stoffel nein in die Hölle stecken lassen? Nee da mache ich nicht mit, denn der kleine Teufel sagte mir, die Nachtwächter kämen nicht in die Hölle. Na Meester Faust da seid Ihr nun pfutsch, viel pfutscher als pfutsch.“* Wagner jagt er nach Hause, Faust nimmt er fest. Der weiß, daß seine letzte Stunde gekommen ist: *„O das ich auf die Worte meines alten Vaters höhrte. Ich*

bin verlohren, verlohren auf immer und ewig." Unter Höllenge-
töse fahren die Teufel mit Faust in die Hölle.

Innerhalb dieser aus der Sammlung Dr. Stummes stammenden Texte ist der von Johann August Bille der älteste (Nr. 32
des Verzeichnises der Puppenspieltexte). Das Titelblatt des 66
Seiten umfassenden unlinierten Schreibheftes enthält folgende
Angaben: „Doctor Faust von Johann August Bille aus Saathayn
bei Elsterwerde den 23. Oktober 1835." Auf dem Vorsatzblatt
notierte Dr. Gerhard Stumme: *„Die Originalhandschrift des Billeschen Faust befindet sich im Besitz des Herrn Georg Eberhardt in Dresden. Wegen ihrer Fehlerhaftigkeit und Unleserlichkeit fertigte der Marionettentheaterbesitzer A. Neumeister eine Abschrift an, welche Herr Ehrhardt wiederum copierte. Nach letzterer stammt vorliegende Abschrift, die
Stumme nach eigenem Bekunden während des Januar 1906 selbst angefertigt hatte.* [Abschluß am 18. I. 1906]"[14] Von Stumme stammt
auch eine Reihe von Bleistiftanmerkungen, die sich auf Text-
vergleiche beziehen. Auf jeden Fall aber gibt er in dieser Notiz
einige Hinweise auf die Überlieferungsgeschichte des Textes. In
seiner Autobiographie teilt Stumme dann den weiteren Verbleib
des Billeschen Textes mit: *„1921 mußte Ehrhardt infolge der Infla-
tion seine Faust-Sammlung verkaufen. Durch die Firma Fock in Leipzig
gelangte sie an William A. Speck in New Haven, der sie seiner großen
Goetheana-Collection in der Yale-Universität angliederte."*[15] Aus den
Eintragungen in zahlreichen anderen Puppenspiel-Texten, die
überwiegend aus den Jahren 1920 bis 1922 stammen, geht her-
vor, daß Stumme diese meist durch die Vermittlung des Puppenspielergehilfen Max Kirmse aus Wilkau bei Zwickau erworben hat.

Die Schwierigkeiten, die der vorliegende Text nach Billes
Original-Handschrift bietet, wurde von allen, die bisher mit ihm
zu tun hatten, bestätigt. Eine Ursache dafür ist in der Tradition
der Überlieferung zu sehen. *„Die deutschen Puppenspieler bilden bald
eine förmliche Zunft mit besonderen Gesetzen, zu denen auch das Verbot
der Niederschrift der Spieltexte gehört …"*[16]

Wenn die Puppenspiel-Texte nicht aufgezeichnet werden durften, der jeweilige Text somit das geistige Eigentum des Puppenspielers war, konnte eine gesicherte Überlieferung oder Weitergabe des Textes nur mündlich erfolgen, denn das Repertoire stellte die Grundlage seines Theater-Unternehmens dar und sollte zugleich seinen Publikumserfolg gewährleisten. Aus diesem Grunde konnte zunächst eine Überlieferung und Weitergabe der Texte nur mündlich innerhalb der Familie erfolgen. Welche Möglichkeiten der Mißverständnisse damit verbunden sind, beweisen die später aufgezeichneten Texte nur zu deutlich. Als wesentlich erscheinen die groben Irrtümer bei Fremdwörtern, die man nur phonetisch tradiert, ohne ihre Bedeutung zu kennen. Hinzu kommen Rechtschreibeschwierigkeiten und Verständnisfehler, wenn ein nur mündlich überlieferter Text mundartlich verzerrt nach Diktat oder aus dem Gedächtnis aufgezeichnet wurde, wobei auch die Schreibfertigkeit in Anschlag zu bringen ist. Auch wurden bei weitem nicht alle Texte so gegliedert, daß sie formal einem heute gebräuchlichen Dramentext entsprechen. Viele Texte sind ohne Zeilenfall, in ungebrochener Folge aufgeschrieben und ohne daß die jeweiligen Textbezüge zu den Personen auf einen Blick zu erkennen sind, die Regieanweisungen oder Szenenbemerkungen deutlich werden. Da man unterstellen muß, daß die Puppenspieler den Text aus dem Gedächtnis vortrugen, ist natürlich Versprechern oder Improvisationen Tür und Tor geöffnet. Im vorliegenden Text ist es vor allem ein verballhorntes Sächsisch, dessen Sinn oft nur beim lauten Lesen erkennbar wird. So gibt es hin und wieder schon beim Vergleich der Kopie der Handschrift mit der vorliegenden Transkription durch Kurt Bille Differenzen, die sowohl als Lesefehler, als auch als Interpretationsfehler gedeutet werden müssen.

Der vorliegende Text gehört, wie auch der oben dargestellte von Hentschel, zu jener nach den Weimarer Texten zu beurteilenden kleineren Gruppe, deren Handlung mit dem Auftritt des Kaspers einsetzt, was zunächst einen heiteren Einstieg in das

Geschehen ermöglicht: Hier gibt die Abschrift auch gleich die besten Belege für Mißverständnisse, mundartliche Umdeutungen und vor allem phonetische Schreibungen. So bezeichnet sich Kasper gleich in der ersten Satzfolge als „Biecheleisen Hält", was einfach Bügeleisenheld bedeutet, eine lustige Umschreibung seiner Profession als Schneider. Das ließe sich weiter ausführen anhand einzelner Worte wie auch am Beispiel von Sprachbildern.

Zwei Erzählungen finden wir in diesem Auftrittsmonolog, die auch in anderen Stücken zu finden sind, die Erzählung, daß er von seiner Großmutter sein Erbteil erhalten habe, 24 Hemden, die er, um es sich „kommod" zu machen, alle übereinander auf das 24. Hemd genäht habe. Seines Berufs aber überdrüssig suche er nun in Wittenberg einen neuen Dienstherren. Die Studenten erschienen ihm hierfür als besonders geeignet, denn von denen würde gesagt, die würden nichts tun als „Fressen, Saufen und Faulenzen". Da würde er meinen, einen Herrn zu finden, der ihm zusagt. Die harsche Kritik am Studentenstand ermöglicht einen kritischen Blick auf das Bild vom Studenten, wie es in der plebejischen Vorstellung wohl zum Teil bestand.

Wagner, der Famulus des Doktor Faust, der den Auftrag hat, einen Diener zu besorgen, tritt auf und befragt den Kasper nach Beruf und Herkunft, er will ihn verdingen. Im Wechselgespräch kommt es zu immer neuen Mißverständnissen, die zumeist daraus erwachsen, daß Kasper entweder von Wagner verwendete Wörter in einer vordergründigen Bedeutung auffaßt oder aber aus Unverständnis eigenwillige Forderungen an den künftigen Dienstherren stellt. Aus diesen Wechselreden erwachsen immer neue komische Situationen. Zum Beispiel deutet Kasper den Namen des Famulus, Wagner, als Berufsbezeichnung für Stellmacher, den Namen Faust setzt er mit der Faust gleich und schreckt zurück, weil er auf einer Kirchweih in einer Prügelei mit Fäusten Bekanntschaft gemacht hatte, auf deren Wiederholung er gerne verzichten wollte. Weil er bei seinem Meister 12

Taler Lohn jährlich bekommen hatte, erscheinen ihm nun 9 Taler monatlich zu wenig. Die Beispiele ließen sich fortsetzen, haben aber zunächst nur den dramaturgischen Sinn der heiteren Personencharakterisierung.

Dem listig dümmlich-schlauen, unbeschwerten Kasper wird im nächsten Bild der verzweifelte Faust gegenübergestellt. Der klagt über seine Verschuldung, die zur Pfändung geführt habe, die ihn um alle Habe gebracht hatte. Er sieht nun nur noch in der Hingabe an übernatürliche Kräfte die Möglichkeit einer Rettung. Just da bringen ihm zwei Studenten ein nekromantisches Buch. Das Buch wird mit CLAWIASAT TEITIMERKA betitelt. Hier wird deutlich, daß der Puppenspieler mit dem Titel überhaupt nichts anzufangen weiß, auch in anderen Texten ist dieser Buchtitel verstümmelt oder verändert eingeführt. In Wirklichkeit handelt es sich um die Schrift „Clavis ad artem magicum" (Schlüssel zur magischen Kunst). Im Gegensatz zu anderen Stücken, wo Faust lange seine Notlage begründet und beklagt, wird bei Bille nur in einem Satz die Abwendung von der Theologie und Hinwendung zur Magie erklärt. Dem Mysterienspiel folgend, versuchen nun Stimmen von links, Faust für die Magie zu gewinnen, und von rechts, Faust vom Pfad der Sünde im Geiste abzuhalten und wieder zur Gottesgläubigkeit zurückzuführen. Er kommentiert das und entscheidet sich für die Stimme des Bösen, die ihm verspricht, daß er der berühmteste Mann der Welt werden solle. Dieser wissenschaftliche Ruhm ist es, was die Entscheidung bringt: Faust verstößt die Stimmen des Guten. Was später als innerer Monolog dargestellt wird, wird hier durch die Stimmen der unsichtbaren Geister vorweggenommen. Sogleich zitiert Faust nun die Geister der Unterwelt und prüft sie auf ihre Tauglichkeit für seine Zwecke. Hierbei wird sein Streben nach Unermeßlichem deutlich. Die Geister nach ihrer Schnelligkeit befragt, sind ihm alle nicht brauchbar genug. Nur Mephistopheles findet Gnade als neuer Diener, denn er sagt, „*Ich bin so geschwint wie der Menschliche getanke oder besser zu Sagen wie der übergang von guden zum bösen*". Faust, der in seiner

Hybris das Höchste erstrebt, wird aber sogleich von dem schlauen Teufel betrogen. Als der Pakt über die Dienstzeit des Mephistopheles abgeschlossen wird, sind diesem die von Faust geforderten vierundzwanzig Jahre zu lang, er will sich nur zwölf Jahre verdingen, um möglichst schnell in den Besitz von Fausts Seele zu kommen. So teilt er den Tag in Tag und Nacht, um so auf vierundzwanzig Berechnungseinheiten zu kommen. Faust bemerkt den Betrug in seinem Hochgefühl zunächst gar nicht, er wird erst später böse erwachen. Mephistopheles verspricht Faust nun alle Schätze der Welt und - und das ist von kulturgeschichtlicher Bedeutung - die Erfindung der Buchdruckerkunst noch vor Gutenberg: „*Noch eins ein gewißer gotenberg arweid schon so lange an einer Buchdruckerrei kanst du mir behülflich sein das ich die Buchdruckerrei Erhern instand Bringe als wie godenberg*". Die ungeheure Bedeutung der Buchdruckerkunst findet hier ihre frühe Anerkennung, das wird noch anhand eines eindrucksvollen Vergleichs verdeutlicht: durch die Zusicherung des Mephistopheles, daß diese Druckerei schneller arbeiten würde als drei Schreiber zu schreiben in der Lage wären. Die Verbreitung des menschlichen Wissens ist für Faust eine wichtige Vorgabe, bedeutet das ja auch die Verkündung seines Ruhmes, wonach er strebt.[17] Aber zugleich ist hier die „schwarze Kunst" - welch Doppeldeutigkeit - ein Werk des Teufels.

Während in anderen Texten, auch bei Goethe, der Bund, der dem Teufel Fausts Seele überschreibt, durch die Unterschrift mit dem eigenen Blut besiegelt wurde, fordert hier Mephistopheles weitaus mehr von Faust: er fordert einen dreifachen Mord. Vater, Mutter und Eheweib soll er töten. Als Faust sich erschrocken weigert, droht Mephistopheles mit dem Schuldturm. Da es von dort nicht nur keine Auslösung für den verarmten Faust gäbe, sondern auch sein Wissensstreben nicht erfüllt würde, gibt er nach. Mephistopheles verspricht, ihm behilflich zu sein und Faust die Mordtaten zu erleichtern, geht es dem Teufel doch darum, als Triumph über das Gute und über die

Wissenschaft den großen Gelehrten in das Höllenreich zu bekommen.

Nach den vollbrachten ersten Mordtaten strebt Faust nach Zerstreuung. Hier wären Anklänge an Goethes Dichtung zu vermuten, wie auch an der Gestalt des bisher als Hund auftretenden Mephistopheles, der nun als Jäger, das heißt als ein gehobener Diener, Faust begleitet. Die Wünsche Fausts sind zunächst einmal ziemlich simpel: er will auf der Donau Kegel schieben. Dennoch erklärt er immer wieder, daß er einen großen Schritt getan habe. Doch erscheint das zugleich auch als eine gewisse Selbstversicherung, weil er sich doch seiner Verbrechen bewußt ist. Den Zuschauer muß nun, nach den heiteren Dialogen mit Kasper, ein gänzlich anderes Gefühl beschleichen, das der tiefen, beklemmenden Betroffenheit. Das wird durch die Reflexion des Mephistopheles noch unterstrichen, der den Triumph der Hölle im Voraus formuliert: *„Ha haben wir es so weit gebracht, du hast uns viel mühe gekostet, lumpen gesindel, haben wir genug in unserem höllen Fuhl, was keinen dreier werth ist, aber so einen Mann wie der Faust ist der das jude zum bösen unter scheiden wußte, das ist gewiß ein bruder von uns ...“.*

In dieser ernsten Situation, die ja von Faust die schwerstwiegenden menschlichen Entscheidungen forderten - Teufelspakt und der geforderte dreifache Mord - war weder für Wagner noch für Kasper Raum. Dessen lustigen Kommentare, die man ja von ihm erwartet hätte, würden die tragische Situation, in der sich Faust befand, aufgelöst haben. So wird im nächsten Bild diese tragische Entscheidung ironisch gebrochen durch die erneuten Kommentare des Kasper, der inzwischen das von den Gerichtvollziehern leergeräumte Haus Fausts in Ordnung bringen soll. Hier soll er von den Furien, im Text heißen sie Furchen, ganz sächsisch, abgeholt werden. Dabei wird, wiederum im Gegensatz zu anderen Texten, nur kurz auf Kaspers Lesekünste hingewiesen, andeutend, daß für die niedere Klasse der Weg zur Bildung nur schwer zu begehen war: *„... was der Deuxsel,* *hier steht och was getruktes, lesen hab ich in mein Leben nicht gelernt aber ein bissel Buchstawieren.*" Dank seiner geringen Buchstabierkünste vermag Kasper die Zauberwörter „Berlicke" und „Berlucke" zu entziffern, mit deren Hilfe er die Furien herumkommandiert. Da diese auf die Zauberwörter reagieren müssen, macht er sie leidlich Schwitzen. Damit wird im Spiel die Herrschaft des Mephistopheles über Faust ironisiert. Die einfache Volksgestalt kommandiert gänzlich unbeschwert die kleinen Teufel, ohne daß die ihm etwas anhaben könnten. Damit endet der erste Akt.

Am Beginn des zweiten Aktes begegnet der sich in seinem neuen Ruhm sonnende Faust zum ersten Mal seinem neuen Diener Kasper. Der Dialog, der sich da entspinnt, gleicht dem zwischen Wagner und Kasper. Wie der erste Akt setzt auch der zweite mit burlesken Dialogen ein, die weit von jeder Teufelsbündlerei entfernt sind. Auch hier soll nur ein Satz des Kasper, die oben angeführten sprachlichen Eigenheiten verdeutlichen: *„Na meister Fäustling der Rammeloxse* [Rammel-Ochse] *hat gesagt ich soll mein Cromliment machen"*. In dieser losen heiteren Introduktion ist eine fast beiläufige Bemerkung Fausts zu finden, die als ein Hinweis auf Kommendes interpretiert werden könnte: als Faust nämlich Kasper nach seinem Vater fragt und Kasper darüber keine rechte Auskunft zu geben weiß, da bezeichnet Faust ihn als „armen Kerl." Gleich darauf erhält Faust eine erste deutliche Warnung durch seinen alten Vater. - Der tritt übrigens nicht in allen der in Weimar vorliegenden Stücke als dramatis personae auf. - Der Vater klagt nun den Sohn wegen seiner Teufelsbündelei an. Faust rechtfertigt sich mit dem Ruhm und der Belohnung, die er durch die Erfindung der Druckkunst erworben habe. Der Vater berichtet, daß die Mutter aus Leid an gebrochenem Herzen gestorben sei und bittet den Sohn fußfällig, vom Teufel zu lassen und mit dem Vater in das Heimatdorf zurückzukehren. Das aber hätte für den an die Zentren der Wissenschaft gebundenen Faust zugleich auch die Aufgabe seiner wie auch immer gearteten wissenschaftlichen Existenz bedeutet. Als der Vater Gewalt anwenden will, um den Sohn zu retten, tötet der ihn im Handgemenge. Da erkennt Faust, daß hier die teuflische Hilfe mitgewirkt hat, die ihm Mephistopheles beim Vertragsabschluß zugesagt hatte. Mephistopheles kann nun triumphieren: „*Bravo Bravo Faust die dreifage Mortat ist bekangen du bist der Hele* [Hölle] *wir dich* [würdig] *Dein Vater hast du erwercht deine Mutter ist in ferzweiflung gestorben und deine Frau hast du vergiftet*".

Faust versucht seinen Untaten zu entfliehen. Er will nach Parma an den Hof, wo der Herzog gerade seine Hochzeit feiert, um dort als Künstler aufzutreten - seine Existenz als Wissenschaftler genügt ihm nicht mehr, sein Streben ist unersättlich. Kasper und Wagner sollen ihn begleiten. In hypotropher Machtgier fordert er von Mephistopheles, daß man den Weg nach Parma durch die Luft nehmen solle. Dieser solle im Voraus gepflastert werden, nach dem Passieren wäre das Pflaster sogleich wieder zu beseitigen. Diese Forderung ist selbst dem Teufel zu übertrieben, er nennt sie „überteuflisch". Mit seiner Weigerung reizt er aber Faust, der sofort den Kontrakt zu lösen droht. Es soll damit, am Beispiel der kaum erfüllbaren unsinnigen Forderung, die unersättliche Gier nach Weltbeherrschung Fausts, der jedes Maß verloren hat und sich vom Menschlichen immer weiter entfernt, deutlich gemacht werden. Der nahezu überforderte Teufel, der das nicht zu verstehen vermag, schwört, sich an Faust zu rächen, wenn er ihn erst in der Hölle und damit in seiner Macht hat. Die Fahrt soll in einem von Drachen gezogenen Wagen erfolgen, was nun weniger ein dramaturgisches Moment bedeutet, als vielmehr die Gelegenheit bietet, die Theatermaschinerie, die ja einen wesentlichen Teil des Puppentheaters darstellt, entsprechend wirksam einzusetzen.

Um die Flugzeit nach Parma dramaturgisch einigermaßen zu überbrücken und ein Gegengewicht gegen die Forderungen Fausts zu gewinnen, unterbricht eine neue Kasper-Szene die Handlung. Während Faust ins Unermeßliche strebt, wirkt sein

Diener Kasper im Haus und Garten in Wittenberg ganz diesseits orientiert. Er singt zunächst ein Loblied auf die Weiber. Sie wären das Niedlichste auf der Welt, singt er in einem Couplet:

> *„Ein Weibchen ist ein Knolle Beht*
> *Heit so und morchen so.*
> *Sie ist wie sich das Fännel dreht*
> *[heit so und morchen]*
> *bald draurich und bald froh.*
> *Sie lacht und Weind aus einem Sack*
> *Dem Mahne oft zum Schabernack*
> *Drum ist halt ein Weibchen*
> *Ich sag es mit Grund*
> *Das Nietlichste Dingel auf dem Erden runht*
> *Und Wehr kein Weibchen*
> *Die der Qelht*
> *Wo kämen Wihr dan herr ab*
> *Keb zu letzt for gut und gehlt*
> *kein einsichs Mänhnel mehr*
> *ich sach und bin und bleib dabei*
> *drum Mießen halt die Weiber sein*
> *drum ist hald ein Weibchen*
> *ich sach es mit grund*
> *das Nietlichste Dingel auf der Erden rund,"*

Kasper freut sich über sein Essen, was für ihn ja große Bedeutung hat, ging es ihm doch um eine sichere Versorgung, als er sich verdingte. Danach will er sich im Garten ausruhen, es sich *kommode* machen. Zugleich bestimmt er das Kennzeichnende eines Hausknechts: der müsse ¾ Jahr grob und ⁴/₄ Jahr ein Flegel und immer auf Trinkgeld bedacht sein. Da kommt Mephistopheles, der sich als Büchsenspanner und Leibdiener Fausts und als Teufel zugleich vorstellt und mit Kasper Brüderschaft trinken möchte. Er will nun Kasper nach Parma holen. Auf dem Zauberpferd Phylax reitet Kasper durch die Luft zu seinem Herrn. Auch hier erfolgt der Abgang und Übergang zum neuen Schauplatz unter dem Einsatz von attraktiver Theatermaschinerie. Die abschließende szenische Bemerkung lautet: „*Die Gardine feld*" [die Gardine, der Vorhang, fällt].

So wie in einer Reihe von Episoden in der vorhergehenden Handlung sich leicht als Anlehnungen an das alte Faust-Buch erkennen lassen, so ist auch der Besuch der Hochzeitsfeier beim Herzog von Parma dieser alten Vorlage nachempfunden. Es werden im Faust-Buch eine Reihe von Städten beschrieben, die Faust besucht, ebenso, wie er viele Abenteuer erlebt. Festzustellen ist hier, daß der Besuch in Parma, wie er in den Puppenspielen zumeist Teil der Handlung ist, im Volksbuch nicht stattfindet. Es sind dort andere Orte, wobei man sich an Hartmann Schedels „Buch der Chroniken"[18] anlehnte.

Auch zu anderer weit verbreiteter Literatur finden sich Bezüge. In Constantin Bruneschkys Lustspiel in 4 Akten, „Doctor Faust" (Nr. 24 der Puppenspielsammlung), das um 1840 aufgezeichnet wurde, ist die Bemerkung Kapsers „*Ja richtig das kann möglich sein, den damals wie meine Geschicklichkeit sollte ausgeblasen werden, hatten mir so einen starken Winter, da waren den Postillions alle die Hörner zu gefroren, wen wir aber Tauwetter werden bekommen wird ein mordts Spekteps von mir losgehen*" auf Gottfried August Bürgers „Wunderbare Reisen zu Wasser und zu Lande. Feldzüge und lustige Abenteuer des Freiherrn von Münchhausen wie er dieselben bei der Flasche im Zirkel seiner Freunde selbst zu erzählen pflegte" zurückzuführen.[19]

Dazu ist anzumerken, daß die Handlung keineswegs immer chronologisch logisch verläuft. Faust ist also bereits am Hof von Parma, als Kasper auf seinem Luftpferd Phylax dort ebenfalls ankommt. Wieder entspinnt sich ein Dialog über die Herkunft Kaspers, in dem sowohl der Herzog von Parma als auch seine Minister die Wortspielereien nicht verstehen und Kasper Strafen androhen. Befragt, ob er einen Herren in Parma habe und wie der heiße, erklärt Kasper, daß eben da der Hund begraben liege, den Namen seines Herren dürfe er nicht verraten. Allein in diesem Dialog wird das sprachliche Vexierspiel Kaspers deutlich: „*Ich wolltes euch gehrne sachen das er Faust heißt aber ich darf nicht*". Nun ist Faust gezwungen, sich zu seiner Identität zu bekennen und wird sogleich vom Herzog auf die Buchdruckerkunst angesprochen. Als Faust dem Herzog Kunststücke verspricht, wie die Beschwörung von Gestalten aus dem Alten oder aus dem Neuen Testament, werden die herzoglichen Minister mißtrauisch und wollen Faust wieder vom Hofe entfernen, weil sie um ihre Machtstellungen fürchten. Er soll ermordet werden. Mephistopheles warnt Faust im letzten Augenblick, geht es ihm doch um die Erhaltung von Fausts Seele für die Erfüllung seines Paktes. Mephistopheles rät Faust, wieder nach Wittenberg zurückzukehren, wo seine Studenten einen Fackelzug, eine Illumination, für ihn vorbereitet hätten. Er, Mephistopheles, wolle das schon arrangieren. Faust will aber seinen Diener Kasper in Parma zurücklassen, weil der seinen Namen verraten habe, doch Mephistopheles will versuchen, auch den für die Hölle zu gewinnen.

Kasper hat von den Mordplänen nichts gemerkt, er tritt wieder auf, klagend und schimpfend, weil keiner der Herren vom Hofe sich auf Karten- und Glücksspiele verstünde, er habe große Spielverluste und könne auch seine Zeche im Wirtshaus nicht bezahlen. Er gerät deshalb mit einem Buben in Streit und ins Handgemenge, als Mephistopheles auftritt, ihm von der Absicht Fausts erzählt, dem Kasper aber Hilfe anbietet, wenn er auf dem Weg nach Wittenberg mit durch die Hölle käme. Kasper wird an den Styx verwiesen und erhält Anweisungen, wie er sich in der Hölle verhalten solle. Er willigt ein, Mephistopheles solle nur die Schulden Kaspers bezahlen. Der will für Kasper Gold regnen lassen, er solle sich einen Topf besorgen, um den Goldregen auffangen zu können. Aus dem Topf kommt aber ein Teufel, der Kasper wieder nach Wittenberg bringt. Diese Szene ist wieder ganz turbulent, die Regieanmerkung lautet:

„Casper Schreid und Dobt ferd in die Wohlken und fehlt runder. Ver-
wandelt sich in die Stadt Wittenberg."

Nun bricht die Stimmung wieder ins Tragische um: Faust
erkennt, daß sein Ende naht und er dem Teufel folgen muß. Er
versucht Buße zu tun und fleht Gott um Verzeihung an, da
kommt Mephistopheles und bietet ihm eine neue Abwechslung
und ein weiter gesteigertes Lebensgefühl: er soll die keusche
Helena zur Frau bekommen. An dem Attribut keusch zeigt sich
die mangelnde Kenntnis des Puppenspielers, denn Helena gilt
keineswegs als keusch, sie ist vielmehr das Sinnbild der Verführung, als das sie hier ja auch eingesetzt wird, was sich mit
„keusch" nicht so recht in Einklang bringen lässt. Das bedeutet,
daß beim Spiel Worthülsen verwendet werden, über deren eigentliche Bedeutung die Spieler sich gar nicht im Klaren sind.

Faust glaubt nicht, daß die historische Gestalt Helena noch
lebt, doch Mephistopheles läßt sie erscheinen. Faust erliegt der
Versuchung, umarmt die Erscheinung, die sich in der Umar-
mung sogleich in ein Totengerippe verwandelt. Mephistopheles
triumphiert. Wieder versucht Faust, sich vom teuflischen Gesellen loszusagen, doch vergebens. Wenn er seine Reue nur
kurze Zeit länger durchgehalten hätte, erklärt ihm der Teufel
danach hämisch, wäre eine Rettung möglich gewesen, so aber
ist es zu spät und Mephistopheles kündet Fausts Ende für Mitternacht an.

Kasper tritt als Nachtwächter auf, der die zehnte Stunde aus-
ruft. Dabei berichtet er von seinen Erlebnissen in der Hölle.
Wieder stehen die dem Faust immer bewußter werdenden Höl-
lenqualen dem lustigen Bericht des harmlos dummen Kaspers
gegenüber, dem die durchlebte Gefahr gar nicht bewußt geworden ist, die er in seinem Bericht auch gar nicht zu reflektieren
vermag. Er berichtet nun, wie der zukünftige Höllen-Platz des
Faust ausgestaltet sei, ein von glühenden Zacken umgebener

Großvaterstuhl. Ihn, Kasper, den Diener, habe man aufgefordert, gleich hier in der Hölle zu bleiben. Aber als man ihn befragt hätte, wo er denn eigentlich herkäme, und er nach einigem Überlegen gesagt habe, er käme aus einem hübschen Ort, aus Greiz, da verzichtete die Hölle auf ihn: denn aus diesem Ort käme niemand in die Hölle. - Sicher ist der Ortsname austauschbar, je nach dem jeweiligen Spielort, um dem Publikum zu schmeicheln, was wiederum ein bezeichnendes Licht auf die Aufführungspraxis wirft, die an solchen Kleinigkeiten erkennbar wird. Er, Kasper, sei nun lieber wieder hier in Wittenberg ein vom Bürgermeister bestallter Nachtwächter als ein Kamerad des Teufels. Immer ginge es um das verteufelte Geld, was nütze ihm aber dieses, wenn er dem Teufel anheimfalle. Die hier nach einem langen Monolog vorgetragene Warnung des einfachen Kaspers steht kritisch gegen den unersättlichen Wissensdurst Fausts, der alle menschlichen Normen verletzt und vergißt. Das einfache Empfinden des Plebejers Kasper wird gegen die Hybris des Intellektuellen Faust gestellt, wobei der grausige Ausgang des Stückes die Sympathien deutlich macht.

Faust kommt vom Friedhof zurück, wo sich die Gräber öffneten und die Toten ihn verdammten. Da begegnet er Kasper, der die elfte Stunde aussingt. Der berichtet ihm nun von seiner Höllenfahrt und wie Fausts künftiger Wohnsitz gestaltet sei. Faust würde gerne mit Kasper tauschen, doch der verzichtet darauf. Wagner kommt hinzu und erklärt, daß er Faust helfen wolle. Das könne er, er solle Fausts Nachlaß vor der Stadt verbrennen, die Buchdruckerkunst jedoch weiterführen, damit Faust der Nachwelt in Erinnerung bleibe als der große Erfinder. Faust geht es also selbst im Untergang noch um den Nachruhm. Während Faust vom Teufel geholt wird, streitet sich der Idealist Wagner mit dem Realisten Kasper, ob weiße Tauben, was Rettung andeuten soll, oder schwarze Raben als Zeichen der Verdammnis über das Haus geflogen seien. Faust meldet sich noch einmal und bestätigt die Raben. Das kommentierende, vorläufig letzte Wort hat Kasper, der Nachwächter, der die Warnung der

Faustbücher - in der Vorrede zu der Editio princeps hat es gelautet: „*Ewer Widersacher der Teuffel geht umbher / wie ein brüllender Löuwe / vnd suchet / welchen er verschlinge. Ja wenn er gleich einmal bey einem Menschen fehlgeschlagen vnd abgewiesen / oder wider außgetrieben worden / so lässet er doch nicht nach / sondern suchet wider an / vnd wo er einen sicheren Menschen antrifft / nimpt er sieben ärgere Geister zu sich / kehret ein vnd wohnet da / vnd wirdt mit einem solchen Menschen ärger als vorhin.*"[20] - auf seine Weise dem Publikum verkündet: „*Alle meine Herrn nu laßt mich sachen der Hammer hat 12 Uhr geschlagen den Fäustlich hat der Deifel geholt weil er hat nicht beten gewohlt Nun kinder nemt euch ein Beispiehl das ihr nicht o etwa ein mahlen solche Schatzgrebereien oter an sohlche Deifelische geschichten glaubt sonst kennt es euch o so gehn wie den Faust.*"

Für Kasper erwächst jedoch noch eine andere Versuchung, gleichsam das Satyrspiel nach der Tragödie: Es tritt die Anabakudel auf, die sich als keusche Jungfer bezeichnet, die mit Obst handele, ein schönes Häuschen mit einem hübschen Federbett habe und einen Mann brauchen könne. Heiraten, das möchte Kasper schon einmal für ein paar Stunden ausprobieren, denn das kenne er trotz seiner reichen Erfahrung noch nicht. Sie werden sich durch Handschlag einig, da gesteht sie, daß sie auch noch ein paar Kinder habe, also keine keusche Jungfer mehr sei. Den Kindern würde Kasper nichts zu fressen geben. Das rührt sie wenig, Kasper solle nur bald nachkommen, sie werde inzwischen Kaffee kochen und ihm eine Wärmeflasche machen. Kasper schickt Anabakudel weg und wendet sich mit seiner weitaus handgreiflicheren Moral noch einmal an das Publikum: „*Na ihr guten Bursche die heut zu gechen seit, das ihr nicht die nacht um 12 heiratet sonst gehts euch wie dem Casper.*"

Der vorliegende frühe Puppenspieltext zeigt die Behandlung des Faust-Stoffes für die Darstellung auf dem Puppentheater, einer zu jener Zeit bereits alten Volksbelustigungtradition. Die Handlung ist in zwei Strängen angeordnet, die sich im Handlungsverlauf berühren und kreuzen. Der eine Strang, die Faust-

Handlung, beschreibt die Tragödie des wissensdurstigen Wissenschaftlers Faust, der, an den zeitbedingten Grenzen seiner Erkenntnismöglichkeiten gescheitert und in Armut geraten, sich an überirdische magische, teuflische Kräfte wendet, um im Bunde mit diesen sein Ziel zu erreichen. Der mit dem Teufel abgeschlossene Vertrag führt ihn im Sinne der tradierten Moralvorstellungen zur ewigen Verdammnis, zur Hölle, der er sich rettungslos ausgeliefert hat. Im Verlauf des Stückes werden aber der Wissensdurst Fausts und sein Erkenntnisstreben weder berührt noch erfüllt, wenn man von der Erfindung der Buchdruckerkunst absieht. Das ist besonders hervorzuheben. Der Teufel bietet nur vordergründige Unterhaltung, Abenteuer. Als Forscher versinkt Faust ins Nichts. Was ihm bleibt, ist der Höllenpfuhl.

Der andere Handlungsstrang, die Erlebnisse der aus der italienischen Komödientradition (Commedia dell'arte) übernommenen Kasper-Figur, stellt ein in die Tragödie verflochtenes Satyrspiel dar, das dem Publikum eine Möglichkeit gibt, sich von dem Erschrecken, von Furcht und Mitleid über den notwendig tragischen Verlauf der Faust-Handlung zu erholen.

Die moralische Warnung, daß der Mensch sich nicht freventlich außerhalb der ihm durch Gott gesetzten Erkenntnisgrenzen bewegen soll, wird durch das Schicksal des naiv-bauernschlauen Kasper ironisch gebrochen, was sich auch im Sprachduktus erkennbar macht. Kasper ist dank seiner vordergründigen naiven Einfalt an keiner Stelle der Handlung ernsthaft gefährdet. Im Gegenteil, er findet am Ende ein biedermeierliches kleinbürgerliches Glück, vor dem er aber in seiner Schlußsentenz noch einmal warnt.

Das alte „prodesse et delctare" (nützen und erfreuen)[21] der Aufklärung ist im Spiel vom Doktor Faust auf volkstümliche Weise exemplifiziert. Die über Jahrhunderte hinweg mit graduell unterschiedlichen Tendenzen unterlegte Faust-Handlung hat hier, im Jahre 1834, einen nicht mehr zu ernst zu nehmenden moralischen Wert erreicht, trifft jedoch das Vergnügen des Zuschauers am Geheimnisvoll-Übersinnlichen.

Sechs Jahrzehnte später wurde ein anderer Text aufgezeichnet. Er stammt von Johannes Wüstemann: „Dr. Johann Faust. Drama in 6 Akten. Neu bearbeitet." (Nr. 2 der Puppenspielsamlung).

Dieses Stück ist in einem dem Bayrischen angenäherten Dialekt geschrieben, auch im Text selbst wird auf seine bayrische Herkunft verwiesen. Es hebt sich damit sprachlich von den meisten der anderen, zumeist aus dem sächsischen Raum stammenden Aufzeichnungen ab. Es zeigt sich eine enge Beziehung zum Volksbuch vom Doktor Faust, die hier viel weitergeht als in den anderen vorliegenden Texten.

> 1. Akt. Fausts Studierzimmer.
> Faust verzweifelt an der Wissenschaft. Mit welcher Disziplin er sich auch beschäftigt, was er sucht, findet er nicht, aber er nennt vorerst das Ziel seines Strebens nicht. Erst beim Studium der Nekromantie meint er sein Ziel erreicht zu haben, das er nun so umschreibt: „*Ich will mir die Hölle mit all ihren Geistern unterthan machen, ich will sie zwingen, mir zu gehorchen.*" Doch zur Beschwörung benötigt Faust einen Gehilfen. Sein wie ein Sohn geliebter Famulus Christoph Wagner ist dazu nicht geeignet, er soll das Haus behüten. Als Wagner auftritt, eröffnet ihm Faust, daß er den Stein der Weisen ergründen und die Hölle beschwören möchte. Wagner warnt ihn sogleich unter Hinweis auf die göttlichen Strafen. Doch Faust beharrt: „*Mein Entschluß steht fest, die Hölle unterthänig mir zu machen, ich will ein Leben führen wie ein Fürst, will hochgeachtet sein [...]*" Wenn seine Seele dabei auch Schaden nähme, so hoffe er doch, zu gegebener Zeit durch Buße der göttlichen Gnade wieder teilhaftig werden zu können. Dann offenbart Faust

dem Wagner seine Pläne, auch daß er Wagner bei der Beschwörung nicht dabeihaben möchte. Wagner solle ihm deshalb einen geeigneten Gehilfen suchen. Wagner schlägt Kasparus den Lustigen dafür vor: *„Arm an Geburt ist er doch reich an Witzen, jedoch zu faul, um Nützliches zu lernen, dabei nichts fürchtend, weder Tod noch Teufel".* Kaspar macht sogleich seine Aufwartung. Faust bietet ihm eine Stelle an, bei der er gut leben könne, guten Lohn erhalte und nicht viel Arbeit zu erledigen habe. Mit Kaspars Mut hingegen ist es so weit nicht her, denn als Faust Kaspar befragt, ob er ihm auch dienen wolle, wenn er sich mit dem Teufel verbände, erklärt Kasper, er sei im Stande, sogleich davon zu laufen, was er dann aber nicht tut, sondern versichert, so schnell würde ihn der Teufel denn wohl doch nicht holen. Schließlich fordert Faust von Kaspar Verschwiegenheit. Auch die sagt Kaspar zu, bis ins Grab. Kaspar soll nun für Faust den Zauberkreis zu einem Kreuzweg im Walde bringen. Faust meint zu erkennen, daß er nun an einem entscheidenden Wendepunkt seines Lebens angelangt ist. Bedenken, die aufkommen, weist er zurück: *„Fort mit diesem ängstlichen Gefühl, nur Freude soll mein menschliches Herz ergötzen".* Kaspar, auf dem Weg in den Wald, resümiert, was auch immer geschehen werde, er wolle es schon mit dem Teufel aufnehmen.

2. Akt. Wilde felsige Waldgegend. Mondschein.
Faust beginnt mit der Beschwörung, Kaspar aber schließt er von dieser *„Goasterbeschmierung"* aus, worüber der sich beschwert. Mit großer Beschwörung verlangt Faust von der Hölle, daß sechs der mächtigsten Höllengeister ihm zur Verfügung gestellt werden, die dann seinen Forderungen willfahren sollen. Der Erste *„durchbreche das Dunkel der Wahrheit, der Zweite verwandle mir Zweifel in Klarheit, der Dritte verschaffe mir Silber und Gold, der Vierte mach Mädchen und Weiber mir hold; der Fünfte besorge mir Tisch und den Becher für muntere Schwestern und lustige Zecher; der Sechste sei Morgens,*

Mittag u. bei Nacht, auf neues Vergnügen u. Freude bedacht". Und dann schließt er gleich die Versicherung an, daß seine Seele der Hölle gehören solle, wenn ihm das Treiben nicht mehr gefalle. Nun kommen die Teufel, die Faust alle nach ihrem Namen und ihre Schnelligkeit benennt:1. Auran - *„Bin so geschwind wie die Kugel aus dem Feuerrohr"*; 2. Vitzliputzli - *„Bin so geschwind als wie der Schneck am Zaun"*; 3. Begial - *„Bin so geschwind wie der Wind"*; 4. Mephistopheles - *„Bin so geschwind als wie der Menschen Gedanken vom Guten zum Bösen".* Während der Beschwörung und Ablehnung der ersten drei Teufel kommentiert Kaspar mit losen Sprüchen die Erscheinungen. Er erzürnt damit Faust, der ihn des Platzes verweist. Das Erscheinen dieser vier Teufel und der Verbannung der ersten drei wegen ihrer zu geringen Schnelligkeit steht im logischen Gegensatz zu Fausts ursprünglicher Forderung von sechs Teufeln. Mephistopheles wird von Faust akzeptiert, doch soll Faust dafür erst die Zustimmung Luzifers einholen. Faust verlangt, daß Luzifer erscheinen solle, doch Mephistopheles glaubt nicht, daß der kommen wird, jedoch Faust erzwingt durch einen gewaltigen Zauber Luzifers Erscheinen. Faust befragt ihn, ob er ihm dienen wolle, Luzifer will, aber nur unter bestimmten Bedingungen. Ein erneutes Treffen, diesmal in Fausts Wohnung, wird verabredet, dort soll dann der Pakt geschlossen werden. Befriedigt verläßt Faust den Zauberkreis, den er den Teufeln überläßt, die Kaspar mit in die Hölle zu nehmen versuchen: Begial: *„Ich nehm dich beim Schopf"*; Auran: *„Und ich ihn bei den Beinen."* Darauf Kaspar: *„Wart meini Haxen gib i enk scho glei a so, so echte boarische Haxn!"* Da ist der erste Hinweis auf die bayrische Herkunft.

3. Akt. Zimmer in Fausts Hause. Wenn möglich an der rechten, hinteren Kulisse ein Ofen, links Tisch, an diesem sitzt Faust.

Um Mitternacht erwartet Faust Luzifer, der nicht zu kommen scheint, bis er sich brummend vom Ofen her meldet. Die Szenenanweisung ist hier sehr genau und erinnert an die Beschwörungsszene in Goethes „Faust"[22]. Als Luzifer auf Fausts Anweisung hervortritt, ist es eine furchterregende Erscheinung, vor der Faust zurückschreckt. Nun sollen die Vertragsbedingungen festgelegt werden. Luzifer erklärt, Fausts Bedingungen bereits zu kennen: „*Ich weiß sie eher schon als Du sie hast geschrieben. [...] Zum reichsten Mann wer' ich dich erheben, Dir Gold und Silber häufen sehr viel auf; fahrst du dann ein in eine jede Stadt; so soll man Dich bei jedem Thor einfahrn sehn die Straße vor dir wird mit Gold gepflastert sein, das hinter Dir darauf gar schnell verschwindet, denn das alles ist mir eine Kleinigkeit. Auch werde ich dich stets bei Gesundheit wohl erhalten, in steter Schönheit auch; auch glaube mir, dir solln die Elemente gehorsam sein. Dir Meer und Alles auf der Welt gehorchen; [...]*" Das Pflastern der Straße vor Fausts Kutsche wird in anderen Texten als eine Forderung Fausts behandelt, die der Teufel zunächst als schier unerfüllbar abzulehnen versucht, dann aber widerwillig zugesteht, mit der Drohung, daß sich der Teufel in der Zeit nachher, wenn Faust erst in der Hölle sei, sich dafür entsprechend an Faust rächen werde. Für diese luziferischen Leistungen stellt dieser nun folgende Bedingungen: Faust solle Gott und den Himmlischen absagen, er solle aller Menschen Feind sein, keinem Geistlichen gehorsam sondern sein Widersacher sein, in keine Kirche gehen, keine Predigt hören und kein Sakrament empfangen oder in den Ehestand treten. Bei Zustimmung solle Faust dem Teufel Leib und Seele verschreiben und den Kontrakt mit seinem Blut besiegeln. Faust zögert im Hochgefühl des Erreichten die Unterschriftleistung hinaus. Da findet Wagner den vorbereiteten, unterschriftsreifen Vertrag, dazu erzählt Kaspar Wagner von Fausts Teufelsbeschwörung. Wagner will sogleich für Fausts

Seelenheil beten und fordert Kaspar auf, gleiches zu tun. Der aber lehnt ab: „*Dös was mei Herr thut, geht mi nix a*". Kaspar zeigt hier eine eigenartige egoistische Einstellung, die auf keinerlei Bindung zu seinem Herrn hinweist. Jeder ist auf seinen Vorteil bedacht, Kaspar nutzt seine Stellung, um einen gesicherten Lebensunterhalt zu haben.

Faust, gestärkt zurückgekehrt, verliest den vollständigen Text des teuflischen Kontraktes und unterschreibt. Der Vertrag zeigt deutlich Fausts innere Verfassung. Er beklagt sich bei seinem Schöpfer, daß dieser Fausts Streben auch nicht annähernd erfüllt habe, macht Gott gleichsam verantwortlich für seinen Abfall. Luzifer holt den Vertrag ab und erklärt dabei, daß, weil er keinem Menschen dienen dürfe, er einen Vertreter schicken werde, der Faust in allem zu Diensten sein werde.

Mephistopheles tritt nun in der Gestalt eines Jägers auf und erklärt Faust, daß er nur unwillig diene, nur dem Befehl seines Herrn Luzifer gehorche. Mephistopheles nennt seinen Namen und erklärt Faust, er sei ihm ja schon einmal, bei der nächtlichen Beschwörung im Wald begegnet. Herr und dienstbarer Geist einigen sich schnell über die Pflichten des „spiritus familiaris"[23], also eines vertraulichen Geistes, was nun im Gegensatz zur Erklärung des Mephistopheles steht, daß er Faust nur unwillig diene. Auf Fausts Frage, woher Mephistopheles all das bekomme, was sein Wohlleben befördert, erklärt der, er würde es von den großen Herren holen. Wagner, der sich wegen seiner Biederkeit nicht vor der Hölle fürchten braucht, soll auch weiterhin das Haus Fausts verwalten, während Kaspar Faust auf seinen Reisen begleiten soll. Der empfiehlt sich dafür durch seine laute Heiterkeit.

Die erste Aufgabe, die von Mephistopheles zu lösen ist, besteht darin, die reinste Unschuld eines Mädchens zu betören. Mit seinem Zaubermantel bringt er Faust in ein Nonnenkloster, der dort die schönste der jungen Nonnen freventlich verführt. Auf der Reise folgt Kaspar Faust auf dem Rücken Belials nach, der als Wildschwein erscheint.

4. Akt. 10 Jahre später, im Hause Fausts.

Graf Falkenburg besucht seinen alten Kommilitonen Faust, den er einst als Student in Wittenberg bewundert hatte, als Faust die alten Professoren schrecklich geneckt, aber auch forschend nach den Sternen gegriffen hatte und auch gut mit dem Schläger umzugehen wusste. Wagner, über diesen Besuch erfreut, berichtet dem Gast von Fausts Wandlung. Auch Faust begrüßt den alten Freund hochbeglückt: *„Dich sandte Gott"*. Diese Erwähnung Gottes erfreut Wagner. - Dem Freund gegenüber offenbart sich Faust: *„Denn wisse, ich hab Gift getrunken, des Zweifels Gift in starken Zügen und meine bösen Würfel liegen"*. Doch der Freund rät Faust, ein Weib zu nehmen und in der Familie sein Glück zu suchen. Das muß Faust jedoch ablehnen, er könne auch ihm, dem Freund, nicht sagen, wem er sich verschworen habe. Weil Faust ihm einst das Leben gerettet hatte, bietet Graf Falkenburg ihm seine Schwester zur Frau an. Ihre Reinheit solle ihn retten und ihn glücklich machen. Doch Faust flieht: *„Es ist aus"*. Wagner beklagt das Schicksal seines Herrn: *„Es ist zu spät, der Böse hält ihn fest umstrickt"*. Doch, fest im Glauben, hofft er: *„Armer Faust, mag Gott mit Dir einst gnädig sein."* Diese Erinnerung an eine frühe Studentenzeit und der Rettungsversuch durch die Liebe der Schwester - Marienkult? - ist neu und taucht in keinem anderen Stück wieder auf. Ansätze zur Rettung Fausts werden damit angelegt, wenn sie auch sehr schnell wieder zurückgenommen werden, aber ein Rest von Hoffnung und Glauben ist in Faust vorhanden. Kasper kommt durch die Luft geflogen, direkt von der Leipziger Messe, wo Faust tolle Kunststücke im Wirtshause vollbracht hatte. Zu guter Letzt war er auf einem riesigen Weinfaß aus einem Weinkeller in ein Wirtshaus geritten. Hier sind nun deutliche Bezüge zur „Historia von D. Johann Fausten" von 1587 zu erkennen.[24] Ob der Puppenspieler wirklich diesen seltenen Druck gekannt hat, sei dahingestellt, er kann sein Wissen auch aus Gustav Schwabs „Volksbuch vom Doktor Faustus" bezogen haben.[25] Bei Schwab sind auch noch andere Geschehnisse berichtet, die hier verarbeitet wurden, z. B. der Vertragstext[26], das Verhältnis Luzifers zu Mephistopheles[27], der „Spiritus familiaris" und viele andere mehr, auf die an geeigneter Stelle noch einmal hinzuweisen sein wird. Auch berichtet Kaspar von den teuflischen Transportmitteln: fliegender Mantel und Wildschwein.

Faust sinnt nach, wie er sich von Mephistopheles zu befreien vermöge. Noch sei ein Rest Göttliches in ihm, Gott werde ihn wohl dereinst retten. Mephistopheles warnt Faust vor einem Abrücken vom Vertrag. Von der Bibel seien ihm nur bestimmte Teile zur Lektüre genehmigt[28]. Mephistopheles beharrt auf der Erfüllung des Vertrags und seiner Macht über Faust, der Antwort auf verschiedene theologische Fragen erheischt: „*Wie groß sind die Freuden des Himmels? Wie groß sind nun die Qualen der Hölle?*". Die Antwort gibt Mephistopheles in Form gewaltiger, aber deprimierender Bilder, die Faust seine Verdammnis deutlich machen. Er, Mephistopheles, wolle, wenn er als Mensch geboren wäre, alles tun, um Gottes Gnade und Vergebung wieder zu gewinnen. Auch hierfür bietet Schwab hinreichendes Quellenmaterial neben den entsprechenden biblischen Quellen, die im 19. Jahrhundert noch mehr zur Allgemeinbildung zählten[29]. Faust meint, daß alles zu spät sei, doch Mephistopheles verweist ihn auf das pralle Leben. Noch einmal aber fragt Faust nach, ob er denn schon immer dem Teufel zu eigen gewesen sei, der seine Macht über ihn immer weiter ausgedehnt habe. Faust muß erkennen, daß er dem Teufel zu viel Macht über sich eingeräumt habe. Helena von Troja soll ihn nun von all seinem Kummer erlösen. So reisen sie ab, während Kaspar zurückbleibt und den neuen Besucher Pfiffigheim empfängt, der Faust einen Betrüger nennt, weil der ihm ein schlechtes Pferd verkauft habe. Kaspar verteidigt seinen Herrn und wirft den betrogenen Gast hinaus[30].

5.Akt. Wieder 10 Jahre später. Ein anderes Zimmer in Fausts Haus.

Faust hat sich von Helena getrennt, hat sich aus dem Kreis mutwilliger Zecher zurückgezogen, erneut befällt ihn Reue: *„Ich könnte verwünschen den Teufel, die Höll‘*. Er will sich wieder dem Himmel zuwenden. Da hadert Mephistopheles mit ihm, er, Faust, habe sich der Hölle zugewendet, nicht die Hölle ihm, den Vertrag mit Luzifer habe er freiwillig abgeschlossen. Wenn er sich nicht erneut zum Teufel bekenne und den Menschen abschwöre, droht Mephistopheles, werde ihn Luzifer in Stücke zerreißen. Sogleich wendet sich Faust wieder der Hölle zu und erklärt sein Handeln mit dem Wankelmut, der dem Menschen zu eigen wäre. Mephistopheles verschwindet wieder, zurück bleibt ein häßlicher schwarzer Pudel.

Wagner ist über die Rückkehr Fausts an die Universität in Wittenberg erfreut: *„Die neuen Herren habens nur in Worten das klingt und schallt denn wohl recht wohlgelahrt, doch fliehts vorüber ohne Frucht und Ernten‘*. Faust fordert den zögernden, unsicheren Wagner auf, ihm zu folgen, erbe er doch ohnehin einstmals alles. Da meldet Kaspar einen Gesandten des Kaisers Maximilian, der ihn wegen der vollbrachten Zaubereien und Gaukelspiele, die ihn hoch erfreut hatten, zum Professor der Magie erhebt. Mephistopheles erklärt Faust, daß er nur dank der teuflischen Unterstützung zu solcher hohen Anerkennung käme. Nun meldet Kaspar den Nachbarn, den Prediger Eckhard, der sich als Bote Gottes zu erkennen gibt[31]. Das lässt Faust wieder auf Rettung hoffen. Wieder ist er bereit, sich zu bekehren. Der

Prediger erklärt Faust, daß Gott sich mehr über einen reuigen Sünder freue, denn über neunundneunzig Gerechte. Doch da kommt Mephistopheles als Teufel im Auftrag Luzifers, um Faust zu zerreißen, wenn er versuche, den Bund mit der Hölle aufzulösen. Mephistopheles zählt die vielen Sünden Fausts auf und fragt ihn, ob er da noch an Gottes Gnade glauben könne. Faust wird angesichts seiner Untaten wieder im Glauben schwankend. Er will fliehen, aber wohin? In die Arme des Teufels, der jetzt wieder als Jäger erscheint. Faust droht nun mit Verderben allen denen, die ihn wieder bekehren wollen. Mephistopheles will das sogleich an dem Prediger exemplifizieren, während Faust in den Armen teuflischer Buhlerinnen zu bleiben begehrt. Als Wagner am Schicksal seines Herrn verzweifelt, kommt Kaspar fröhlich an. Ihn kümmert der Teufelsbund seines Herrn nicht, so lange es ihm nur gut geht. Schlau bringt er das Teufelsgeld zum Juden, der es schnell wieder unter die Leute bringt, weil es über Nacht in Dreck zerfällt. Sein eingetauschtes Geld aber gibt er seinem Nannerl, die es als Notgroschen spart für die Zeit, wenn es mit Faust vorbei sein wird. Wagner macht Kaspar Vorwürfe, weil der so leichtfertig mit den Dingen umgeht. Kaspar aber erklärt, seine Philosophie sei, den Dingen ins Auge zu sehen und auf den eigenen Vorteil zu achten. Der Teufel, den er durchaus durchschaue, sei letztlich doch zu dumm für ihn, um ihm wirklich gefährlich werden zu können.

6. Akt. 24 Jahre nach dem ersten Akt. Schwarzer Salon. Faust, am Ende seines Lebens, setzt den verdienstvollen Wagner als Erben ein. Auch Kaspar wird bedacht. Wagner wird auf ein fleißiges Studieren der von Faust hinterlassenen Bücher verwiesen. Auch die Nekromantie soll er redlich studieren. Nur den Mephistopheles könne er ihm nicht überlassen, da dessen Dienstverhältnis mit Fausts Tod beendet sei. Aber er solle einen anderen dienstbaren

Geist in Gestalt einer Katze erhalten, die sich nach Fausts Tod verwandle und ihm unter dem Namen Auerhahn dienen werde. Mit dessen Hilfe solle Wagner Fausts Lebensgeschichte aufzeichnen, die aber erst nach Fausts Tod veröffentlicht werden dürfe, um dann als Warnung zu dienen. Noch einmal versucht Wagner mit Eckhards Hilfe Faust zu retten, doch der glaubt an keine Rettung mehr.

Da erscheint Luzifer als Teufel und erinnert Faust an seine Bemühungen um das teuflische Bündnis, resümiert, wie er ihm stets zu Diensten gewesen sei. Nun fordre er seine Schuld ein. Da Faust sich um ihn, nicht die Hölle um Faust bemüht habe, sei er, Luzifer, nicht an Fausts Verdammnis schuldig und verweist auf das Gericht Gottes, wo er sein Pfand, Fausts Seele, einfordern werde. Faust erkennt seine Schuld an und bekennt: „*Ich habe solches Alles gefürchtet, also wird es mir auch gehen; ach ich bin verloren, meine Sünden sind größer, als sie mir vergeben werden können*". Wagner kündigt dem verzweifelnden, schuldbeladenen Faust einen weiteren Besuch Eckhards an. Mit Bibelzitaten versucht er Faust Kraft zur Demütigung vor Gott zugeben. Faust wehklagt wegen seiner Schuld und sucht einen Ort, wohin er fliehen könne. Höhnisch geht Luzifer mit Faust ins Gericht: „*Sage mir die Wahrheit, was gilt's: es ficht dich deine Seligkeit nicht so viel an, als wenn du bedenkst, daß du bald sterben musst* [...]" Eckhard versucht Faust in seiner Not aufzurichten und verweist ihn auf Gottes Wort als Waffe im Kampf gegen den Teufel. Da kommt Kaspar, um Eckhard nach Haus zu holen, weil dort der Teufel umgehe. Mephistopheles erscheint noch einmal als Jäger. In dieser menschlichen Gestalt meint er leichter mit dem Verdammten reden zu können. Er entwickelt Faust, daß Gott Gutes und Böses als Einheit geschaffen habe und daß Fausts Leben von Gott vorbestimmt gewesen sei, der Weg ins ewige Leben sei ihm nicht zugedacht gewesen.

Faust erkennt die Praedestinationslehre[32] an und nimmt sein Schicksal auf sich.

Inzwischen hat Eckhard den Teufel aus seinem Haus vertrieben, wo er in Gestalt eines Schweines gewütet hatte. Faust berichtet von seinem theologischen Gespräch mit Mephistopheles. Doch Eckhard hält Faust den Heilsgedanken entgegen, daß Christus gestorben sei, um den Teufel zu besiegen. Mit dem festen Glauben an Gottes Güte und im Gebet solle er Erlösung finden. Wagner und Kaspar kommen, um ihrem Herrn behilflich zu sein, doch sie vermögen nichts gegen die schwermütige Todeserwartung Fausts auszurichten. Er lehnt auch die Hilfe von Eckhard ab und bekennt: *„Ich bin ein Leibeigener des Teufels, darum will ich auch keinen Trost aus der heiligen Schrift mehr hören, sintemal es doch damit alles vergebens und verloren ist um mich zu bekehren".*[33] Faust verabschiedet sich von Wagner und Kaspar. Um Mitternacht holen die Teufel Faust. Wagner findet am Morgen den geschundenen Leichnam. Wagner berichtet vom Zustand des toten Faust und will den Tod der Behörde melden.

Kaspar spricht dann den Epilog, in dem er mit seiner Philosophie dem tragischen Geschehen durch ein vorgesehenes Ex tempore ein versöhnliches Ende gibt: *„Is scho recht. - no dös is guat, daß die Gschicht no so gut nausgange is, für mi moan i halt, denn i hab selbst koa recht guats Gwissn ghabt, weil i a mit dem Stofferl allweil umanand kutschiert bi. Vielleicht bi i gar an Teufel no zschlecht oder a z'guat, oder er kennt si aus, daß er bei mir an Unrechten kummt, denn i hät ehm scho mei Absatz nauf buchstabiert auf sei teuflische Nasn; daß ehm 's Sehn u. Hörn gwiß Ganz u. gar vergange war."*

Wie in keinem anderen der vorliegenden Texte wird hier die Bemühung um Fausts Rettung ausgeführt, so daß immer noch einmal Hoffnung aufkeimt. Am Ende aber gewinnen die Vorgaben, die hier auch besonders auf die Volksbuch-Fassungen verweisen.

Am 19. März 1859 war am Théâtre Lyrique in Paris die Oper „Margarete" von Charles Gounod uraufgeführt worden. Nach zunächst zögerlicher Aufnahme durch das Publikum fand die Oper im Verlauf der nächsten zehn Jahre weltweit hohe Anerkennung. Am 15. Februar 1861 fand die deutsche Erstaufführung in Darmstadt statt. Der Erfolg sprach sich wohl herum, auch unter den Puppentheater-Prinzipalen, die, um immer wieder neues Publikum heranzuziehen, auf neue Stücke, auf Neufassungen von bekannten Stücken oder auf die Einfügung moderner, modischer Zugaben aus waren. Ob der Theaterbesitzer Kurt Brummer aus Zöpen bei Kieritzsch sehr genaue Kenntnis von jener Oper hatte, die da in der Musikwelt in aller Munde gewesen war, sei dahingestellt. Auf jeden Fall befindet sich in der vorliegenden Sammlung ein Text von fast 150 Seiten Umfang, der sich auf Gounod bezieht. Er ist von G. Grube abgeschrieben und von anderen Händen ergänzt: „Dr. Faust oder die verhängnisvolle Osternacht. Tragödie in 4 Akten mit einem Vorspiel." In den handschriftlichen Text sind kleine gedruckte Zusätze eingeklebt, die vermutlich einem späteren Textheft zur Oper entnommen wurden. (Nr. 11 im Puppenspielverzeichnis).

Die Handlung setzt hier auch mit dem Vorspiel von Charon ein, der sich bei Pluto über dessen saumselige Furien beklagt. Er habe zu wenig Seelen über den Acheron zu fahren. Pluto vertröstet Charon, bald würde er einen bedeutenden Mann überzusetzen haben, der mehr wert sei als 1000 arme Seelen. Pluto befiehlt seinen Teufeln, mehr Menschen zu verderben, damit sie in die Hölle kämen und Mephistopheles erhält den Auftrag, sich besonders um Faust zu bemühen, der aber ein kühner Geist sei. Die bereits genannten eingeklebten bedruckten Zettel, die einen wenn auch sehr fragwürdigen Bezug zum Opernlibretto herstellen, haben aber am Text nichts Wesentliches geändert.

1. Akt.

Faust verzweifelt an seinem Schicksal, das ihm nicht vergönnt habe, was er erstrebte. [Eingeklebt: „*Umsonst befrage ich der lichten Sterne Chor,* | *Dem Sinn ist stumm das Weltenall* | *Und keine Stimme flüstert in mein Ohr* | *Des Trostes sanften Schall.*"] Deshalb will er mit Gift sein Leben beenden. Orgelklänge, die die Osternacht einleiten, bringen ihn von seiner Absicht ab, aber er beschwört trotzdem die Geister der Unterwelt. Mephistopheles taucht auf, Faust befragt ihn nach seiner Schnelligkeit, dann nach seinem Namen. Er sei so schnell wie der menschliche Gedanke. Sogleich wird ohne besonderen Aufwand ein Vertrag zwischen beiden geschlossen: 1. Mephistopheles soll Fausts schäbige Kutte in prachtvolle Kleidung verwandeln, 2. ihn bei hohen Standespersonen angesehen machen und 3. Faust einen unsterblichen Namen verschaffen. Vierundzwanzig Jahre lang soll der Teufel Faust dienen. Die Gegenforderungen des Mephistopheles sind: Verzicht auf jede weibliche Gesellschaft, sein Gretchen soll sterben. Dem deshalb zögernden Faust droht Mephistopheles mit dem Schuldturm. Da willigt Faust ein. Dann verlangt der Teufel, daß Faust mit seinem Blute den Vertrag unterschreibt. Auf Fausts Hand erscheint dabei das magische H. F. - Homo Fuge (Mensch, fliehe![34]). Ein Adler bringt den Vertrag umgehend zu Pluto.

Wagner tritt auf, um Faust zum Kirchgang abzuholen, er berichtet, daß zwei Studenten für Faust ein Buch abgegeben hätten. Faust erkennt dahinter das Wirken des Mephistopheles. Wagner bittet darum, einen Bedienten einstellen zu dürfen, Faust stimmt zu. Wagner ahnt nicht, was sich mit seinem Herrn begeben hat.

Kasper tritt auf, er hält Fausts Wohnung für ein Wirtshaus, ruft nach dem Wirt, da kommt Wagner. In einem umständlichen Dialog voller Verdrehungen und Irrtümern, in dem Kasper von seinen Erlebnissen, vor allem dem mit der gestohlenen Repetieruhr berichtet, stellt sich Kasper vor. Wagner engagiert ihn trotzdem. Mit Hilfe von Fausts magischen Schriften beschwört Kasper den Teufel Fitzliputzli, lässt ihn aber sogleich wieder verschwinden.

2. Akt. Stadt.
Dem prächtig gekleideten Faust begegnet sein armer Vater, der ihm Vorwürfe macht wegen seines Lebenswandels. Im Streit tötet Faust den Vater. [„*Es ist gescheh'n!* | *Von nun an soll, o Faust,* | *Aus dieses Bechers Schaum* | *Ein neues Leben dir erblüh'n* | *Und junges Blut strömt rein und frisch* | *In deine Brust:* | *Gift, Schmerz und Tod sei Traum!"*] Mephistopheles verspricht Faust Vergessen in Vergnügungen. [„*Warm' Herz, froher Sinn* | *Kehrt neu zu dir zurück:* | *Dein ist der Gewinn,* | *Die Liebe, das Glück!"*] Sie reisen nach Parma. Mephistopheles soll auch Kasper dorthin bringen. Kasper und Mephistopheles begegnen einander und führen ein ähnliches Gespräch wie Kasper mit Wagner führte. Danach reitet Kasper auf einer Schlange durch die Luft nach Parma.

3. Akt. Garten.
Kasper fällt aus der Luft in den herzoglichen Garten. Hier führt er wiederum ein an Mißverständnissen und Verdrehungen reiches Gespräch mit dem Herzogspaar. Kasper soll nun Zauberkunststücke zeigen, redet sich aber durch unsinnige Vorschläge heraus und entflieht schließlich. [Eingeschobener Text:] Faust erscheint und führt mit Hilfe des Mephistopheles Zauberkunststücke vor. Daraufhin wird Faust zur herzoglichen Tafel geladen.
Mephistopheles warnt Faust vor der Gefahr in der er sich befindet und bringt ihn nach Asien und Afrika, während Kasper wegen seine ungebührlichen Verhaltens in Parma bleiben soll. Fitzliputzli will Kasper nach Wittenberg zurückbringen, wenn der ihm seine Seele verschreibt. Die

Holzpuppe Kasper hat aber von ihrem Schnitzer keine Seele erhalten. Fitzliputzli will Kasper zum Nachtwächter von Wittenberg machen. Vor der Heimreise aber soll durch einen Zauber das Reisegeld beschafft werden.

4. Akt. Orientalisches Gemach.

Mephistopheles eröffnet Faust, daß er ihn mit der Vertragsdauer betrogen habe und nun die Zeit Fausts abgelaufen sei. Faust verzweifelt.

[Eingeschobener Text, er vertieft die Verzweifelung noch:] Dialog zwischen Kasper und Fitzliputzli, Kasper soll, wie Faust, auch in die Hölle. Kasper und Faust begegnen einander, Kasper geht mit Faust ins Gericht. Faust erhofft durch Kasper Hilfe, in dem er mit ihm die Kleider tauscht. Kasper lehnt ab.

Kasper erzählt Faust von seiner Fahrt durch die Hölle. Zum Abschied bittet Kasper Faust, seiner Großmutter in der Hölle Grüße zu bestellen.

Was hierbei in der Inhaltsangabe nur angerissen werden konnte ist, daß nicht nur die Gounod-Bezüge als moderne Akzente aufgesetzt wurden, sondern daß eine andere Hand durch zahlreiche Zusätze den Text ausgeweitet und im bescheidenen Maße vertieft hat. Was dadurch angedeutet werden kann ist, daß die Texte zwar vom Vater auf den Sohn, daß sie innerhalb der Familie als wichtiges geistiges Besitztum vererbt, weitergegeben wurden, daß sie aber auch durch intelligente Vertreter unter den Puppenspielern bearbeitet wurden.

Hatte sich der Wüstemannsche Text durch seine bayrischen Bezüge von den anderen Textvorlagen deutlich abgehoben, so bietet ein Textbuch von Ch. Heinrich Niedermeier eine ganz andere Textsituation: *„Doctor Johannes Faust zu Wittenberg. Lustspiel in 4 Acten.“ Eigenthum des Ch. H. Niedermeier aus Chemnitz. Wohnhaft seidt der Mitte Julie 1864 in Breitenbrunn bei Schwarzenberg* (Nr. 12 des Puppenspielverzeichnis). Auf Seite 55 am Ende des ersten Aktes ist notiert: Niederndorf den 30. Juni 1875.

Dieses Stück, dessen Inhalt sich kaum von dem der anderen unterscheidet, enthält die pikante Note, daß sich die Herzogin von Parma in Faust verliebt, was der Herzog sehr schnell erkennt und Faust deshalb nach dem Leben trachtet. Mephistopheles gelingt es, Faust vor dem Tode zu retten.

Dieser Text ist durch seine schwierige mundartliche Färbung gekennzeichnet, die außerdem noch rein phonetisch auf- oder nachgeschrieben wurde, so daß sich ein Verständnis selbst für den Kenner des Sächsischen erst beim mehrfachen lauten Lesen erschließt. Einige Beispiele mögen das belegen: *„Faust! Faust! Halte fest an dem Buch der Nekromandie, und alle Königreiche der Welt werden dir zu gebode stehen? Es wird dir einen unsterblichen Namen bereiden, damit es einst nach Jahrhunderten wird heißen, der Doctor Johannes Faust in Wittenberg hate eine Übernatürligemacht, Ihn standen alle Elemente zu Gebode. Faust folche der Stimme zur linken hand und alle Freuden der Erde Stehen Dir zu Gebode, Du Wirst Schwelgen in überfluß."* - - - *„Nun Faust denke jetzt an die Drei betingungen dieße must du erfüllen zuerst unterschreibe dich mit deinem Blute, das nach vollbrachter dinstzeit du mein Eigen seist."* - - - *'Was ist aus mir geworten, jetzt erst dritt meine ganze lache vor meine Auchen, und welches schrecklige looß wird mir einst zu theil werden?"* - - - *„Eure Mangnifßens Verzeiheren, wen ich Stöhre, der Ostermorgen leuchtet schon durch die zerrießenen Wolken und der Glockenton Verküntet ds Heilige Osterfest, deshalb wollt ich Eure Mangnefießens bitten heute das Gotteshaus zu besuchen?"* - - - *„Weil ich sie nicht leiten konnte so habe ich sie fort geschickt, und haben wir den Zettel auf den Bukel geschrieben, den seht den einen habe ich zuviel gegessen, der wuste aber nicht das ich ein loch in Machen habe da kann ich hinein Stopfen was ich will Es wird niemals voll, dem andern den habe ich zuviel gedrunken, der hat über meinen Duck gesprochen, kannte aber meinen Durst nicht, weil ich die Schmecke soweit hinten habe, dem dritten habe ich zu wönig gearbeitet, ich habe aber an jeder Hand einen Großen finger, wen ich arbeiten soll stoß ich mich nan."* - - - *„ Das darf ich nicht sagen sonst wirte mich Meisterbrustlatz kalt machen und dene Hals brechen, und mit zerbrochenen Hals ist es so ein fatalles Ding, es ist einen unangenem, es will nichts mehr hinunter."* - - - *„Naher führte er mich* *wieder in eine halle, da wahr eine große Blanke aufgestellt, und ein haufen leute Versammelt da mußte über dießer blanke sprüngen, ach und die wahren Müde, aber es half nichts sie musten immer wieder drüber Sprüngen, nun fragte ich was haben den die verbrochen weil sie sich so abspringen müssen da sagte Fitzebutzle, zu mir das sind solche leute die bei Ihren lebenszeiten ins Theater gegangen sind und haben sich eingeschlügen oder bloß zum Stehen bezahlt und sind übergestigen auf einen anteren Platz drum bekommen Wir sie zur bestrafung und müssen dan hier So sprüngen, na sagte ich wenn ich mal wieder ins Theater komme, will ich alle Warnen,".*

Zu den sprachlichen Schwierigkeiten bei der Beschäftigung mit Aufzeichnungen solcher Art kommt noch die oft schwer lesbare alte deutsche Schrift. Nur in wenigen Fällen bediente man sich der damals nur für das Schreiben von fremdsprachlichen Texten gebrauchten lateinischen Kursive. Die mangelnden Kenntnisse in der Rechtschreibung derer, die den Text niederschrieben, komplizieren die Bestimmung von schwierig zu entziffernden Textteilen.

Während in den bisherigen Stücken Faust meist von vorn herein schon verloren ist, sich auch zu seiner schrecklichen Schuld bekennt und die Strafe annimmt, gelingt es aber doch in einem Fall Margarete, am Ende wenigstens Fausts Seele zu retten. Das exemplifiziert C. Th. Grimmer in seinem Schauspiel in 5 Akten „Faust und Margarete", einem Oktavheft von 99 Seiten Umfang. (Nr. 20 in der Puppenspielsammlung).

1.Akt. Fausts Zimmer.
Faust hat dank einer Erbschaft in prachtvoller Feier das schöne Gretchen geheiratet. Der Diener Kurt macht seinem Herrn Faust Vorwürfe wegen seiner Verschwendungssucht und will seinen Dienst aufkündigen. Faust beklagt sich über seine ungenügende gesellschaftliche Anerkennung, ein Tagelöhner am Pfluge sei mit einem Gelehrten gleichgestellt. Er meint, sich nur noch mit Hilfe der

Nekromantie aus seiner unbefriedigenden Lage befreien zu können.

Christoph Wagner - sonst Kasper - tritt als wandernder Gesell auf, er meint in ein Wirtshaus gekommen zu sein, wird aber von Kurt, dem Famulus - sonst Wagner genannt - aufgeklärt, daß er sich im Hause Fausts befinde, und examiniert, um zu erkunden, ob er ihn als Diener anstellen könne. Dieser Dialog gleicht denen in den anderen Stücken, die unter einander nur leicht variieren. Das Versprechen von guter Verpflegung bei leichtester Arbeit überzeugen Wagner, die angebotene Stellung anzunehmen.

Faust beschwört um Mitternacht im Wald den Mephistopheles, der, nach Namen und Schnelligkeit befragt, angibt, so schnell wie der menschliche Gedanke zu sein. Darauf bietet Faust der Hölle einen Vertrag an. Vierundzwanzig Jahre soll Mephistopheles Faust dienen, dann wolle ihm Faust mit Leib und Seele angehören. Mephistopheles verspricht Faust auf immer zu dienen, ihn zum berühmtesten Mann zu machen, bis er drei Todsünden begangen habe, dann erst gehöre er, schuldig geworden, der Hölle. Diesen Vertrag solle Faust dann mit seinem Blute unterschreiben.

2. Akt. Fausts Studierzimmer.

Faust hat den Kontrakt ausgefertigt, eine Furie holt das Dokument ab, die Hölle war auf Fausts Unterschrift schon lange begierig.

Margarete singt ein frommes Morgenlied. Faust gesteht ihr seine Zaubermacht, er habe den Stein der Weisen gefunden und will ihr seinen Reichtum zeigen. Margarete ist verwirrt und erstaunt. Da kommt ein kaiserlicher Bote, der Faust im Namen des Kaisers zum Beilager des Kurfürsten von Bayern in München lädt. Margarete befürchtet Böses.

Wagner liest in den herumliegenden Büchern Fausts herum und beschwört unbeabsichtigt den kleinen Teufel Auerhahn, der ihn für die Hölle gewinnen will. Doch Wagner wirft ihn hinaus.

Kurt und Wagner erkennen, als Faust mit Gretchen auf seinem Zaubermantel durch die Luft nach München fliegt, daß es bei Faust nicht mit rechten Dingen zugehen kann, besonders noch, als der neue Hofmeister Mephistopheles, von Wagner kurz Stoffel genannt - wie auch in anderen Stücken - kommt. Mephistopheles soll Wagner auch nach München bringen, während Kurt zurückbleibt, um mit Mephistopheles das Haus zu hüten.

3. Akt. Saal im Schloße des Kurfürsten zu Bayern.
Faust erblickt die Braut des Kurfürsten, Helene, und verlangt sogleich danach, sie zu besitzen. Faust wird gerufen, die Gäste an der Tafel zu unterhalten. Inzwischen nähert sich eine Zigeunerin dem Grafen Veronelli und berichtet ihm von der Verführung seiner Braut durch Faust. Helene fordert von Faust als Beweis seiner Liebe, daß er ihr Margaretes Herz bringe. Das ist die erste Todsünde, die Faust willentlich begeht.

Wagner begegnet im Garten dem Kellermeister, erklärt ihm, daß er durch die Luft aus Wittenberg gekommen sei und zu seinem Herrn Faust wolle. Der Kellermeister nimmt Wagner mit, um lustige Stückchen von dem großen Zauberkünstler Faust zu hören.

Margarete erzählt Faust von bösen Träumen, er ermordet Margarete. Veronelli schwört, Margarete an ihrem Mörder und sich am Entführer seiner Braut zu rächen. Dieses Motiv wurde wohl den zahlreichen Ritterstücken entnommen, von denen Kirmse zu Stumme sprach, die im 19. Jahrhundert im Schwange waren.[35]

4. Akt. Monate später. Zimmer bei Faust.
Kurt erkennt, daß Fausts neue Gemahlin diesen mit teuflischen Künsten umgarnt. Er will Faust verlassen. Vorher erneuert er seine warnenden Vorwürfe. Faust will sich zerknirscht bekehren und betet zum *„verklärten Geist seiner gemordeten Margarete"*. Da erscheint ihm Margaretes Geist und sagt ihm Vergebung zu, wenn er bereut. Helene versucht, Faust wieder für sich zu gewinnen. Da tritt Veronelli als Rächer auf und tötet Helene, wird aber im Kampf mit Faust von diesem getötet. Mephistopheles lobt Helene, die ihre Aufgabe gut gelöst habe und als Lohn dafür Faust an der Höllenpforte in ihrer wirklichen höllischen Gestalt wird empfangen dürfen, weil sie Faust zu seiner dritten Todsünde veranlasst habe. Was die erste Todsünde gewesen ist, solle der erstaunte Faust später erfahren.

5. Akt. Wald.
Mephistopheles in fürchterlicher Gestalt kündigt Faust seinen nahen Tod an, weil er die letzte Todsünde begangen habe. Auf Fausts Einspruch erklärt Mephistopheles, daß die Unterschriftsleistung bereits die erste Todsünde gewesen sei. Faust erkennt seine Schuld an, da kommt Wagner, der seinen Herrn sucht. Ihm gegenüber bekennt Faust seine Schuld, Wagner will ihm helfen. Faust betet um Hilfe durch den Geist Margaretes, die vertreibt mit dem Kruzifix den Teufel: *„Den Leib kannst du töten, die Seele jedoch gehört mir. - Vergebung, Versöhnung wird dir zuteil, mein Faust."*

Der Verfasser hat den landläufig überlieferten Text über weite Strecken hinweg leicht verändert, ohne in die Struktur des Faust-Spiels einzugreifen, aber gravierend ist die Rettung der Seele Fausts, die so am Ende wenigstens in diesem Fall eine kleine Hoffnung aufkeimen lässt.

Ein ganz kurioses Stück entstammt angeblich der Feder eines gewissen Karl H. von Heideck: „Doctor Faust. Zauber-Drama in 3 Ackten." (Nr. 29 in der Puppenspielsammlung). In Wirklichkeit wurde dieser Schwank von dem General Karl W. von Haydeck aus München verfaßt, die Schreibweise des Namens in der Kopie ist falsch. Im Palais des Generals wurde das Stück an einem Herrenabend im Beisein von König Ludwig I. (1786 - 1868) aufgeführt.

Das Stück wird den Zuschauern sicher viel Vergnügen bereitet haben. Vom eigentlichen Faustspiel ist nur wenig übernommen worden. Der Faust dieses Stückes ist nur ein entfernter Verwandter des Dr. Johannes Faust, die Figur des Spiritus familiaris wirkt gleichsam als Klammer der Handlung, Mephistopheles und Caspar sind nur Nebenfiguren. Dafür setzt sich das Stück mit der gesellschaftlichen Situation im Bayern der zweiten Hälfte des 19. Jahrhunderts heiter kritisch auseinander, wobei vor allem die technischen Neuerungen satirisch betrachtet werden.

> 1. Aufzug. Fausts Laboratorium.
> Der Spiritus familiaris beklagt sich, der Famulus Kasperl ließe ihn hungern und Faust sei ein dummer Geck.
> Faust erklärt, daß er Doktor sei, er müsse nur von sich reden machen, vielleicht durch eine spektakuläre Erfindung, wenn nur nicht alles schon erfunden wäre. Vor lauter Denken habe er das Frühstücken vergessen. Der Zauberer Dr. Faust sei sein Vetter, von dem er ein Zauberbuch geerbt habe, aus dem ihm Kasperl vorlesen soll, denn es sei Aufgabe der Subalternen, für die Herren die Kastanien aus dem Feuer zu holen. Kasperl buchstabiert mühsam die Beschwörungsformel, Mephistopheles springt aus dem Ofen heraus. Er erklärt, daß sein Namensvetter ein ganz anderer Kerl gewesen sei. Darauf meint Faust, er würde gerne eine Erfindung machen,

wenn nicht schon alles erfunden worden wäre. Mephisopheles schlägt ihm vor, die Galvanoplastik zu erfinden.[36] Damit könne man alles kopieren. Der Teufel fordert eine schriftliche Vereinbarung, die Faust zu verzögern versucht, zunächst solle eine Luftreise unternommen werden. Der Nachtwächter kommt zu Kasperl, um sich rasieren zu lassen. Der Spiritus familiaris treibt mit beiden Schabernack, in dem er den Kopf des Nachtwächters im Zimmer herumhüpfen lässt. Kaum hat Kasperl den Nachtwächter rasiert aus dem Zimmer gejagt, kommt die Nachbarin Frau Stölzl, die vorgibt, dringend eines Arztes zu bedürfen, als Beweis fällt sie in Ohnmacht, der Spiritus familiaris lässt vier kleine Teufel erscheinen. Die vertreiben Madam Stölzl. Als die Kleinen von Kasperl Brot fordern, will der zur Polizei, daraufhin versorgt der Geist die Kleinen mit einer hohlen Semmel.

2. Aufzug. Wilde oder Felsgegend.
Mephistopheles hat den Kontrakt mit Faust geschlossen, er darf drei dumme Streiche machen. Das ist auch in anderen Faustspielen die Voraussetzung für Fausts Untergang. Mephistopheles beschwört Luzifer, der ist äußerst ungehalten über die Störung, weil er gerade verdaut. Er hat Sorge, daß sein Kaffee kalt werde. Mephistopheles berichtet von seinem Kontrakt mit Faust, erfreut lobt ihn sein Herr und fragt, wann Mephistopheles den Faust denn liefere. Nach dessen dritter Dummheit, versichert der.
Im Bierkeller zechen Studenten und Handwerksburschen, die, um die Leute zu ärgern, das Heckerlied[37] singen wollen. Faust und Mephistopheles kommen hinzu, nachdem sie schon durch die Welt gereist waren. Sie wollen zur Unterhaltung beitragen und bieten ein Kunststück an: sie wollen alle auf Fässern nach Hause reiten lassen. Während Faust und Mephistopheles auf einem schwarzen Bock davonreiten, folgen die Studenten auf Fässern.

Faust will nun dem Haus der Madame Stölzl einen Besuch abstatten. Kasperl wartet mit einer Fackel vor dem Haus auf seinen Herrn. Im Streit zwischen Madam Stölzl und Kasperl entzündet die ans Haus gelehnte Fackel dieses. Kasperl bezichtigt Madame Stölzl des Mordes an seinem Herrn und der Brandstiftung. Sie soll daraufhin arretiert werden, vermag aber zu entfliehen.

3. Aufzug.

Räuber wollen die flüchtige Madame Stölzl ausrauben, die verweist sie aber auf Kaufleute, die vorher durchgekommen wären und vermag wieder zu fliehen. Kasperl erscheint und möchte wissen, wo sein Herr hingekommen sei. Dieser sei mit einem schwarzen Kaminkehrer zum Mond geflogen, erfährt er. Auf dem Nebel des Sumpfgrases [sic!] soll Kasperl ihm nachfliegen. Kasperl kommt zum Mann im Mond und fragt den nach seinem Herrn und Madame Stölzl. Ihn besuche niemand, erst recht keine Frauenzimmer, erklärt der Mann im Mond. Kasperl will auf dem Mond übernachten, aber durch den Wandel zum Neumond wird er herabgestoßen und landet in einem Storchennest auf dem Dach jenes Wirtshauses, in dem Faust gerade sitzt. Auch Mephistopheles sucht Faust. Von Kasperl gewarnt, vermag der Mephistopheles zu entfliehen, doch dann stürzt er, Mephistopheles vermag ihn zu ergreifen und verschwindet mit ihm in der Erde.

Mephistopheles bringt Faust zu Luzifer. Faust protestiert, er habe noch keine drei Dummheiten gemacht, gehöre demnach dem Teufel noch nicht an. Doch Luzifer beweist ihm rabulistisch sein Recht. Faust wird galvanisiert und als Galvanoplastik dem Publikum präsentiert.

Glaubt man dem, was in dem Textbuch notiert und von Stumme wiederholt wird, daß der bayerische König bei der Aufführung zugegen gewesen sei, so gewinnt die Erwähnung des

Heckerliedes, also eines revolutionären Kampfliedes, doch eine eigene Bedeutung, aber vermutlich kannte der König den Text nicht, so daß er gar nicht bemerkte, womit er da konfrontiert wurde und die Wissenden könnten sich amüsiert haben. Doch das sind Spekulationen. Auf jeden Fall ist dieses Stück trotz einiger Bezüge auch zum Volksbuch, wie beim Faßritt, ein eigenes, das in seiner Eigenart mit den landläufigen Texten nicht auf eine Stufe gestellt und verglichen werden kann. Es zeigt sich hier jedoch die Breite der unterschiedlichen Rezeptionsansätze.

In anderen Stücken finden wir andere Handlungsabläufe, andere Zuordnungen, andere Vorlagen eingearbeitet. Das gilt nach den Übernahmen aus dem Volksbuch vom Doktor Faust, vor allem für die Einbeziehung von Texten aus anderen literarischen Vorlagen. Der wichtigste unter den hier vorliegenden Texten ist wohl der von Johannes Linck (Nr. 1 des Verzeichnisses der Puppenspieltexte aus der Sammlung Stumme).

Bei dem hier zu besprechenden Text handelt es sich um einen echten Puppenspieler-Text aus München, aufgezeichnet im Jahre 1865.

Die 47 Blätter der Handschrift weisen an den rechten unteren Ecken deutliche Gebrauchsspuren auf, die vom Umblättern mit angefeuchteten Fingern während des Spiels herrühren. Das deutet auf einen oft benutzten Text hin, der vom Puppenspieler selbst für die Aufführung aufgezeichnet wurde. Das wird auch noch durch geringfügige Bleistiftergänzungen unterstrichen.

Eversbergs Hinweis auf den Einfluß des Sodenschen Schauspiels „Doktor Faustus"[38] auf Faust-Puppenspiele folgend, hat ein Vergleich gezeigt, daß ganze Partien wörtlich oder mit nur geringfügigen Änderungen übernommen wurden. Es handelt sich dabei um die Faust - Brenner, Faust - Mephisto und Faust - Vater-Szenen. Es sind dies aber nur Teile der Handlung, die mit z. T. veränderter Bedeutung eingefügt wurden. Es könnte sein, daß Gedankengut der Französischen Revolution hier vom

Bearbeiter nach der Revolution von 1848 bewußt aufgenommen wurde. Worauf aber gänzlich verzichtet wurde, ist der vom „Sturm und Drang" herrührende „Deutschheitsgedanke", in dem sich Sodens politische Einstellung manifestiert hatte[39]. Faust rechnet zwar hier auch mit der Mühseligkeit und der Nutzlosigkeit des Brotstudiums ab, auch er will sich der Magie bedienen, es mit den Geistern der Unterwelt aufnehmen, aber um die Wahrheit zu finden, nicht mehr, um nach Reichtum und Ruhm zu streben. *„Nein, hinweg mit all diesen Büchern, Quarten und Volianten. - Was nützt es mir, wenn ich mir auch die Augen aus dem Kopf heraus lese und doch nicht finde was ich suche. Es gab wohl vor Zeiten Büch[er] welche man die Nikromatie nannte. Wenn ich so glücklich wäre, ein solches Kleinod zu erhalten; ich wollte Tag und Nacht nicht mehr aufhören zu studiren; ja, mit Geistern der Unterwe[lt] müßt ich korospondieren, von diese[n] könnt ich gründliche Wahrheit erfahren. O Wahrheit! nach dir sehne ich mich als wie der Kranke auf der Lagerstätte nach Erquickung."*

Zwar ist auch hier das Ungenügen der eigenen Forscherkraft deutlich gemacht und die Teufelskorrespondenz als der einzige mögliche Ausweg erwogen, jedoch das Ziel ist ein anderes: es ist das Streben nach Wahrheit. Diese Ausgangsposition wirft ein anderes, ein neues Licht auf die Faustgestalt dieses Stückes. Faust will sich nicht der Magie ergeben, um als der größte Zauberer aller Zeiten zu gelten, für ihn soll die Magie nur Mittel zum Zweck sein bei seinem Streben nach der Wahrheit. Das macht ihn anfällig für die Verlockungen des Teufels, das läßt ihn im theologischen Sinne schuldig werden, denn letzte Wahrheit ist nur bei Gott[40], und der Mensch, der danach strebt, und dazu noch mit teuflischen Mitteln, lästert Gott. Das nimmt notwendig den Ausgang des Spieles vorweg. Die erste Szene der Exposition gibt den weiteren Weg vor: Der anscheinend willensstarke Faust strebt mit aller Macht seiner Persönlichkeit nach göttlicher Wahrheit und ist bereit, auch mit dem Teufel zu paktieren, um ihn seinem Wollen unterzuordnen auf seinem Weg zum höchsten Ziel. Die warnende Stimme des Engels, der

Faust zur Theologie zurückführen will und ihm dafür ewige Glückseligkeit verspricht, kann den Aufrührer im Geiste deshalb gar nicht erreichen, im Gegensatz zur höllischen Furie, deren Stimme Faust viel besser für sich einzunehmen weiß, und das mit Erfolg, wenn sie spricht: „*Wann du mir folgst, wirst du der erste und gelehrteste Mann auf Erden werden.*" Danach strebte Faust ja schon, bevor die Furie ihm ihr Angebot machte.

Die Gestalt des Famulus, sonst meist Wagner genannt, hier aber Brenner[41] geheißen, hat eine eigene, mit dem Namen korrespondierende Funktion: er, Brenner, hat einen Vertrag mit der Hölle.[42] Er soll Faust für die Hölle gewinnen, ihn auf das Brennen ausrichten, ihn erpressen und für die Hölle vorbereiten. Das deutet auf die Puppenspiele hin, in denen Pluto den Auftrag an seine Höllengeister gibt, mehr verdammte Seelen für die Hölle zu gewinnen, damit Charons Fährlohn aufgebessert würde, und auf den Triumph im Straßburger Spiel, weil die Gewinnung Fausts ein viel größerer Sieg des Bösen ist, als wenn die Furien die Seelen von ein paar armen Schluckern angeschleppt bringen.

Dieser Abgesandte der Hölle ist aber auch zugleich eine Vorwegnahme des Teufelsbündlers Faust. Auch Brenner hat sich auf vierundzwanzig Jahre der Hölle verdingt. Auch Brenners Zeit ist abgelaufen. Auch Brenner bittet am Ende um Gnade, aber um höllische Gnade. So ist das Schicksal Brenners das spiegelverkehrte Schicksal Fausts. Brenners Auftrag besteht darin, Faust für die Hölle zu gewinnen. Die Furien drohen ihm, er steht unter Zugzwang: „*Wie viele Tugenden hast du seitdem ermordet. Wie viele ehrliche Namen vernichtet. - Wie weit bist du mit Faust?*" Der Bearbeiter des Textes nimmt hier zwei interessante Veränderungen gegenüber dem Grundmuster vor: Er ändert die Gestalt des Famulus vom hilfreichen und mitleidigen Schüler, der Faust vergebens zu retten versucht, zum teuflischen Abgesandten, dessen Funktion im Verlauf der weiteren Handlung von Mephistopheles selbst übernommen wird, und er bemüht sich, der

Struktur des Stückes solche Elemente einzufügen, die den Handlungsablauf durch besondere Motive bestimmen. Wenn ihm das nur zum Teil gelingt, ist ihm das wohl kaum vorzuwerfen, bietet die allgemeine Textsituation des Faust-Puppenspiels doch nur begrenzte Möglichkeiten einer künstlerischen Vertiefung.

Brenner fühlt sich zwar als Meister Fausts, ist aber von seinem Ziel, mit ihm ein Bündnis abzuschließen, noch weit entfernt: *„Noch ist so manche Stelle Faust's Seele ohne Wunde; aber meine Dolche suchen sie rastlos auf. Tausend Netze sind gespannt. Ein dummer fiele d'rein; geschweige der gelehrte Doktor.* [...] *Und wärst du gelehrter als Paraselcus; der dumme liederliche Brenner ist dein Meister."* Brenner erlaubt sich Faust gegenüber einen solch anmaßenden Ton, daß dieser ihn zurückweist. Auf Brenners *„Es lebe mein edler großmüthiger Doktor"*, reagiert Faust sogleich abweisend derb: *„Schweig, Brenner; in deinem Munde mag ich das so gern hören als wenn Lieschen von Jungfernschaft spricht."*

Faust steht ein Besuch im Schuldturm bevor. Warum der Feßler dort gefangen gesetzt wurde, ist nicht so recht erklärt. Diese Szene als vorausdeutenden Hinweis auf Fausts spätere Verschuldung und angedrohte Schuldhaft, auf die Fausts Vater verweisen wird, zu betrachten, erscheint zu gewagt, könnte aber dramaturgische Ambitionen des Bearbeiters andeuten, die dieser jedoch im Verlaufe der Handlung nicht durchzuhalten vermag. Es könnte sich aber auch nur um Kritik an akademischer Erbsenzählerei handeln, um einen ausgeuferten Akademikerstreit, *„ob Cicero tum oder cum geschrieben habe; das nennen sie Gelehrsamkeit"*. Daß hier eine Anlehnung an die Schülerszene in Goethes „Faust" vorliegt, kann nur vermutet, nicht aber bewiesen werden. Goethes „Faust. Ein Fragment", in dem die Schülerszene bereits vorhanden ist, lag ja seit 1790 gedruckt vor.

Deutlich wird erneut Fausts Verdruß darüber, daß das Leben ihm nicht das bietet, was er anstrebt. Da fordert ihn Brenner zum Tätigsein auf, doch Faust bleibt bei seiner resignierenden

Ablehnung aufgrund übler Erfahrungen: „*Würke! Vertheidige die Unschuld, predige dem Richter Unbestechlichkeit und sie erwürgen dich. Den Weibern Keuschheit und sie kratzen dir die Augen aus, den Plusmachern Respect für's Eigenthum, und sie confisieren dein Eigenes. Würken? Ebenso gut möcht ich auf Leichname und Mumien würken, als auf diese Menschheit.*" Diese Verzweiflung steigert sich noch, als Brenner andeutet, daß er „in Verbindung" stehe. Mehr gibt er zunächst nicht preis, die Worte „Hölle", „Teufel" oder etwas in dieser Art fallen nicht, doch Faust versteht Brenners Andeutung sogleich und ist bereit, dem Teufel seine Seele zu verschreiben, war er doch dazu vorher schon aus geringerem Anlaß bereit, eben als es um den etwas undurchsichtigen Streit mit Feßler ging: „*Das mußte gegeiselt werden, und sollt ich dafür in die Hölle!*"

Wenn es hier auch mehr als eine redensartige Verstärkung zu sehen war, bereitet er doch den Teufelsbund vor. Noch ist Fausts Wunsch zurückhaltend: „*Ein einziger Blick ins erhabene Reich der Geister, und ich dächte, mir wäre geholfen!*" Um innere Befreiung und Wissen geht es, dazu soll ihm eine Verbindung mit dem Teufel gut sein. Brenner läßt sich von Faust dessen Zweifel bestätigen; auf des teuflischen Abgesandten provozierendes Fragen bricht es aus Faust heraus: „*In's Feuer mit dem Plunder! Mikrologisches Schulgeschwätz, Zerfetzung der Leidenschaften, kaltes Wasser auf glühende Steine gegoßen. Brenner, presse sie aus diese Bücher wie sie hier sind und wenn du aus all diesen Folianten einen einzigen Tropfen Lebensweisheit drückst, so will ich meine Seele dem Teufel ergeben.*" Da Wirksamkeit ihm verwehrt scheint, strebt er nach Lebensweisheit, und danach, zugleich durch das höllische Bündnis auch Macht über die Unterwelt zu gewinnen und „*ihre Flammen zu verlöschen*". Diese Absichten, die einander ausschließen, machen Fausts Maßlosigkeit deutlich, in der er, allein auf die Kraft seines Willens bauend, Übermenschliches anstrebt. In dieser Exposition liegt Fausts furchtbares Ende begründet.

Nun erleidet die Handlung einen Bruch. Mit dem Auftreten des Vaters als Ankläger Fausts wird ein neues Motiv eingeführt, das Motiv vom verlorenen Sohn, das in den im „Kloster" abgedruckten Stücken dazu diente, die Verworfenheit Fausts zu unterstreichen, der dort ja laut Teufelsvertrag Vater, Mutter und Ehefrau ermorden mußte.

Bislang war keine Rede von Fausts wirtschaftlicher Situation gewesen, Brenner konnte Kasper ohne jegliche Bedenken zu guten Konditionen in Dienst nehmen, auch in den Gesprächen mit Brenner um den Teufelspakt spielte Geld, Armut und Schuldturm keine Rolle. Nun aber treten diese Fragen plötzlich auf, als der besorgte Vater Fausts auftritt, der gehört hatte, daß sein Sohn tot sei, „öffentlich hingerichtet", eine Nachricht, die die Mutter tötete. Der Vater beschwört daher den Sohn, nach Hause zurück zu kommen. Faust ist zutiefst getroffen, als er das alles vom Vater erfährt, auch, daß trotz allem seine Liese ihn weiterhin liebt und zu ihm steht. Unter dem Eindruck dieses anklagenden Berichtes bereut Faust seine Vergangenheit. Doch Brenner, stets darauf bedacht, Faust nicht aus seiner Gewalt zu verlieren, versteht es, Faust abzulenken. Das geschieht, indem er auf die drohende Schuldhaft hinweist. Brenner bestätigt mit kaltem Hohn, was der Vater berichtete: „Daß deine Gläubiger dich festmachen laßen, nichts natürlicher. Nichts gerechter. Bezahle sie." Brenner erkennt, daß der drohende Schuldturm Faust in seinem Streben hemmt und damit auch seinen, Brenners, Erfolg in Frage stellt. So reizt er Faust weiter und gipfelt in der Aufforderung: „Sprich ein Wort, und du bist allmächtig wie ein Gott". Aber Faust macht ihm deutlich - und das hebt ihn von Faust-Gestalten anderer Spiele ab - : „Brenner mein Pfad ist zwar nicht der Deine. Doch ich wage einen Blick ins Reich höherer Wesen. - Laß die Flammen der Hölle über mich zusammen schlagen und sieh ob ich wanke." Daß es keine echte Gemeinsamkeit gibt, wird am Ende des 1. Aktes deutlich. Als Brenner von einer Wiederbegegnung spricht, entgegnet Faust: „Dich? Das verhüte selbst die Hölle. Denn für Himmel und Hölle hast du kein Diplom der Bürgerschaft. - Wohlan! Mein Entschluß ist das Diadem des Geistes! Wahrheit, dich such ich auf! bist du in

der Tiefe des Orkus, so ist Himmel mir dein Thron!" In das alte Kli-
schee des vordergründigen Teufelspaktes wird hier versucht,
durch Streben nach Wahrheit und Lebensweisheit eine huma-
nistische Aussage einzufügen, die zumindest im Vorfeld etwas
Hoffnung aufkommen läßt, daß das tragische Ende vielleicht
doch noch abzumildern sei.

Auch der zweite Akt setzt mit der Befragung Kaspers durch
Brenner ein. Das schafft einen lustigen Gegensatz zum Schluß
des ersten Aktes. Der Dialog Kasper - Brenner wird zunächst
von Sprachspielereien bestimmt. Nachdem sich Kasper über
seine neue Livree, die nur aus einer Zipfelmütze bestehen soll,
beklagt und nach der Anredeform für seinen künftigen Dienst-
herrn erkundigt hat, befragt Brenner Kasper nach seiner Herkunft. In närrischen Wortverdrehungen nennt Kasper den ersten seiner drei Väter einen Fuhrmann, in Wahrheit aber war er
ein Abdecker; den zweiten nennt er einen Schnelläufer, was
aber Deserteur bedeutete, der dritte sei ein „Riemer" gewesen,
was so viel wie Beutelschneider, Taschendieb heißt. Die Mutter
war eine Diebin. Diese Auskünfte genügen Brenner, er schickt
Kasper wieder an die Arbeit, die dieser zunächst in der Küche
erledigen will, wo er hofft, genügend Vorräte zu finden, um seinen immerwährenden Hunger zu stillen. Kaspers Ziel der
Dienstbarkeit ist ganz materiell ausgerichtet: auf einen stets ge-
füllten Magen.

Faust beschwört nun mit Hilfe eines Zauberkreises und vieler gar kräftiger Zaubersprüche die *„Geister der Mitternacht, die Furien des bluttonischen Reiches"*. Er beschwört die Geister bei seiner
Zauberkraft, einer Macht, vor der sich die beschworenen Furien
sogleich ehrfürchtig beugen. Bis hierher hat Brenner, gemäß seiner Verpflichtung, die Rolle des teuflischen Vermittlers und
Verführers gespielt. Nun, nach der Beschwörung des Teufels
durch Faust, tritt er ab, Mephistopheles nimmt seine Stelle ein.
Es ändert sich die Blickrichtung. Anfangs umwarb Brenner den

Faust, nun gewinnt Faust durch Zauber den bereitwilligen Mephistopheles für sich, glaubend, er, Faust, sei der Herr der Situation. Dabei bezeichnet der Text die höllischen Geister zunächst nur als Furien, die Gestalt des Mephistopheles entwickelt sich erst im Verlaufe der weiteren Handlung. An die Geister kann Faust Forderungen stellen, als er sie nach ihrer Schnelligkeit fragt. „Kramparius", der sagt, er sei so schnell wie ein Blitz, wird abgelehnt: *„Für meine Wünsche bist du viel zu langsam."* *„Mephistofeles, der Geschwinde von Allen"*, der so schnell wie des Menschen Gedanken zu sein angibt, ist bereit, Faust zu dienen, wenn sein Herr, der Höllenfürst, ihm das gestatte. Da glaubt Faust bereits, die Furie im Hinblick auf ihre angegebene Schnelligkeit beim Lügen ertappt zu haben, doch Faust wird belehrt: *„Du bist noch nicht bekannt mit den Gesetzen der Unterwelt. - Soeben hat der Höllenfürst Blutto mit der Höllengöttin Proßerbina ein vertrauliches Gespräch. Jetzt dürfen wir Geister es unter einer Stunde nicht wagen, in sein geheimes Kabinet zu tretten."*[43] Was der Teufel ihm denn biete, verlangt Faust zu wissen. *„Macht, Hoheit, Reichthum, alle Freuden des Daseins. Sollen deine Feinde bluten unter des Henkers Hand; so sprich."* Obwohl der Teufel damit viel verspricht, hat er Fausts eigentliches Ziel nicht erkannt, denn der entgegnet ihm: *„Nein, Satan, hier ist nicht deine Hölle. Laß uns vielmehr die Erde wandeln in eine blühende Au mit glücklichen Wesen beseelt."*[44] Faust setzt sich und sein Bestreben von den Angeboten des Teufels ab. Doch der entgegnet: *„Ich kenne dich Faust. Stolz ist deine Leidenschaft - streben nach dem Unerreichbaren."* Um dieser Erkenntnis der Wahrheit willen sollten alle Elemente Faust dienstbar sein, wenn er den Bund beschwört. Aber daß er auf etwas schwören sollte, das versteht Faust zunächst nicht, sein Wort gelte doch. Er ist erstaunt: *„Schwören? den Bund? - Auch die Hölle hat also noch ihr Ceremoniel?"*[45] Die Unterschrift sei aber die Voraussetzung für die Dienstbarkeit: *„Die Hölle vertraut ihre Macht nur ihren Bürgern."* Während Faust bereit ist, sich auf das Abenteuer des Teufelspaktes einzulassen, befällt ihn sogleich die Sorge um den alten Vater. Nun erscheint eine sinnlose Stelle im Text. Auf die Frage, wer Fausts Vater rette, erklärt der Teufel, daß die Rettung durch den Sohn selbst erfolgen könne: *„Gieb ihm Gold im Überfluß; ein kummer volles Alter. Sorge nicht, er soll glücklich werden.“* - Da ein Lesefehler nicht vorliegt, die Handschrift ist zu deutlich, kann es sich hierbei nur um einen Hör- oder Diktatfehler handeln, wie er bei einer Mitschrift oder einer Kopie leicht entstehen konnte, womit das eingangs Gesagte über die Überlieferung der Puppenspieltexte bestätigt wird[46]. - Dann wiederholt Faust die Frage, was er denn durch den Pakt mit der Hölle gewinnen könne. *„Unsterblichkeit, Bürgerrecht der Geister, Hoheit und Macht.“* Das sind zumindest teilweise sehr abstrakte, und was die Unsterblichkeit anbetrifft, den geläufigen Teufelsverträgen zuwiderlaufende Versprechungen. Die höllischen Geister drängen Faust zum Handeln: *„Nun, ich will der Hölle ihre Macht abborgen, ich will rächen das Klaggeschrei der gemißhandelten Tugend, und diese von Thränen bethaute Wüste zum fruchtbaren Elisium verwandeln.“* Mit Worten, die an maurerische Formulierungen gemahnen, beschwört Faust den Pakt. Wenn der Schwur auch „Ergebenheit“ zusagt, so schwört das ein selbstbewußter Partner, der dem Teufel droht: *„Nun halte Wort; oder deine Unsterblichkeit selbst schützt dich nicht vor meiner Rache.“* Die Antwort der Furie enthält sogleich auch einen deutlichen Hinweis darauf, daß die Unsterblichkeit, die der Pakt verspricht, begrenzt ist. Faust nimmt das kaum zur Kenntnis, er sieht sich am Ziel und fordert einen Flug in die Unendlichkeit, fort aus den Niederungen einer verabscheuungswürdigen irdischen Realität, deren Auswüchse er zu vernichten strebte, um eine unschuldige, unterdrückte Menschheit zu befreien. In höchster Euphorie sieht er sich an seinem Ziel: *„O Seeligkeit! Geweiht zum Priester-Amte des Völkerwohl's, den hl: Klang zu lauschen, der als Wahrheit ewiges Gesetz mir nun entgegenquillt.“* Hier sollte man meinen, daß der Teufelsbund positiv umgewertet werden könnte.

Als Faust die Stätte des Geschehens verlassen hat, beginnen die Furien ihr Spiel mit dem aufgetretenen Kasper. Sie locken Kasper in den verlassenen Zauberkreis. Der versucht nun zu

erkunden, was das für „*kuriose Kameraden*" sind, die ihn da um-
tanzen. Schließlich erkennt er in ihnen Teufel, die, wie sie ihm
boshaft verraten, ihn zerreißen wollen, wenn er den Zauberkreis
wieder verläßt. Da erinnert Kasper sich der Worte Fausts, die
der in der Nacht gerufen hatte: „Berloko" und „Berliko". Als er
das erste der beiden Worte ausspricht, verschwinden die Teufel,
um auf das zweite wieder zu erscheinen. Durch wiederholtes
abwechselndes Rufen der beiden Beschwörungsformeln läßt
Kasper die Teufelchen auf- und abtreten, bis der Vorhang fällt,
gleichsam als Satyrspiel zu Fausts Beschwörungsakt.

Faust hat inzwischen seine erste Erkundungsluftreise hinter
sich gebracht, als, kaum gedacht, Mephistofeles in der Gestalt
eines Büchsenspanners erscheint, schließlich ist er ja so schnell
wie der menschliche Gedanke. Die Reise hat aber Fausts Wissensdurst keineswegs gestillt, sie hat ihn eher angereizt. Die
Fahrt durch das All hat ihn jedoch in seiner Erkenntnis zurück-
geworfen, weil er Entwicklungsstufen der Natur übersprungen
hat: „*O des fürchterlich unbesonnenen Sprunges. Alles in der Natur geht
seinen stillen Stufengang, nur ich allein reiß mich gewaltsam aus der Reihe
der Wesen. Ha, Satan, warum fühl' ich dieß erst jetzt?*" Fausts Selbst-
erkenntnis, sich aus der natürlichen Entwicklung entfernt, sich
in seiner Hybris über den Grundsatz der Naturphilosophie „natura non facit saltum"[47] hinweggesetzt zu haben, erschüttert ihn
zutiefst: „*Weh mir! meine Kraft ist dahin, ich bin verloren.*"[48]

An solchen Spuren einer literarisch-philosophischen Bildung mag man auf die Bildung des Autors des Stückes zurück-
schließen und seine Herkunft vorsichtig beurteilen. Angesichts
dieses Verzweiflungsausbruches nimmt sich Mephistopheles etwas zurück, bezeichnet sich nur als Sprachrohr einer höheren -
teuflischen - Macht, um seine Gewalt über den nach Höherem
strebenden Faust nicht vorzeitig zu verlieren. Die erneute Sorge
um den Vater veranlaßt Mephistopheles, Faust wieder zurück
in die irdischen Gefilde mit ihren handfesten Problemen des
Alltags zu führen.

Bei allem Bemühen um letzte Erkenntnis und im immerwährenden Streit mit dem teuflischen Helfer und Widersacher denkt Faust doch auch immer wieder an seinen Vater, der, arm und elend, der Hilfe des Sohnes bedarf. Doch nun erscheint der Vater abermals, verarmt, weil er die Schulden des Sohnes begleichen wollte. Auf die Vorwürfe, die der Vater dem Sohn nun wegen seines gefährlichen, unchristlichen Treibens macht, entgegnet dieser, daß er zwar Geld besäße, aber nur dieses, doch sei damit seine Vergangenheit nicht ungeschehen zu machen. Er erklärt dem Vater, der sich damit aus seiner erbärmlichen Situation gerettet sieht, ohne jedoch die teuflischen Hintergründe zu erkennen, *„Vater, dieses Geld kostet mich viel! Meine Seele!"* Das versteht der Vater überhaupt nicht, zu sehr ist er in seiner Einfalt von dem versprochenen Reichtum verblendet. Faust hingegen ist sich seiner tiefen Verstrickung mit der Hölle bewußter denn je. Mephistopheles kommentiert das lakonisch überheblich: *„Ist's meine Schuld, wenn du nach Idealen jagst?"*

Aus der Zauberwelt mit dem Zauberschloß, in dem der Vater eine neue Heimstatt fand, will Faust wieder ins Getriebe der Welt, um sein Gewissen zu betäuben. Mephistopheles willfährt Faust nur zu gerne. Während der glaubt, *„er komme gleich einem wohltätigen Genius, die Thränen zu trocknen, Unrecht zu vergüten, Segen und Glück um sich her zu verbreiten"*[49], weiß Mephistopheles, daß dies alles nur Selbsttäuschung eines träumerischen Idealisten ist: *„Geh nur, du Weltbeglücker, du bist mein, auf immer mein [...]"*

Mephistopheles will auch Kasper für die Hölle vereinnahmen. Der zeigt die instinktive Abneigung des einfachen Gemüts gegenüber dem Büchsenspanner. Auf des Teufels Angebot, mit Kasper auf dämonische Art Bruderschaft zu schließen, geht der in seiner bauernschlauen Abwehr lange nicht ein, bis es dem Teufel gelingt, ihn zwar nicht zu überzeugen, aber zu überlisten. Doch sogleich versucht Kasper, die Abmachung wieder zu lösen, es genüge doch, wenn schon seine Ahnen in der Hölle säßen, was brauche man da ihn noch. Da tröstet Mephistopheles:

„Laß das gut sein. - Es geschieht dir nichts Leides, denn in der Hölle kann mann keinen so dummen Teufel wie du bist brauchen." Mit teuflischer Hilfe folgt Kasper nun als „höllischer Kavallerist" auf einer Schlange mit Raketenantrieb[50] seinem Herrn nach Parma.

In Parma, das Faust auf seiner rastlosen Wanderung erreicht hat, will er nun seine Späße machen, unerhört in diesen Gemächern. Mephistopheles verweist Faust darauf, daß sich die Zeit ihres Paktes dem Ende nähert. Faust will das nicht hören, denn noch immer geht es ihm darum, seine Macht dazu zu gebrauchen, eine segensreiche gesellschaftliche Veränderung zu erzielen, das Land von der Herrschaft der Tyrannen zu befreien. So stellt er kritisch die Frage nach dem Sinn einer fürstlichen Regierung. Hier verbindet der Bearbeiter die aus dem Volksbuch übernommene literarische Hofkritik[51] mit deutlichen Zeitbezügen, die sich auch sprachlich manifestieren. Die Antwort erfolgt umgehend durch das Gespräch zwischen zwei Höflingen, in dem die Verderbtheit der fürstlichen Regierung deutlich wird: Vetternwirtschaft bei der Besetzung von Beamtenstellen, höhnische Diffamierung des ehrlichen einfachen Bürgers, *„Was will wohl der Spießbürger hier? Er sieht aus, wie ein Abgeordneter aus der Provinz."* Faust verspricht den beiden Höflingen Taschenspielereien ganz besonderer Art, einen Spiegel, der einem jeden seine wahre Gestalt offenbare[52]. Der eine erscheint mit großen Eselsohren, der andere mit Geierkrallen. Die so charakterisierten Hofschranzen sollen Faust zum Fürsten bringen, er, Faust, käme ihnen nicht zu nahe, denn er suche Gerechtigkeit und Wahrheit. Faust warnt den Fürsten, der Kanzler gaukele ihm vor, daß seine Untertanen glücklich seien, *„indeß sie in Tränen schwimmen"*, der Kammerdiener belüge ihn, wenn er erklärt, daß er von seinem Volke geliebt werde, derweil man ihn verflucht. Da die Höflinge das alles in Abrede stellen, verlangt der Fürst, selbst in den Zauberspiegel blicken zu können:[53]

> Faust: *Wollt ihr ihn sehen Fürst? Von Kunst zusammengesetzt, und doch der Spiegel der Wahrheit. - Brav*

*Fürst, Ihr seid der Erste Eures Standes, der ihn zu
sehen verlangt. - Ihr seid werth hineinzusehen. So seht
den Fürst: |: Fürst sieht in den Spiegel :| Diese
Haufen Elender, in Lumpen gehüllt. - Sie verlassen
ihre Heimath - sie wandern aus, mit sehnsuchtsvoll
gewandten Blick auf ihre leeren Hütten. Sie fliehen
ein Land, das die Pest der Plusmacher vergiftet - Sie
suchen einen anderen Winkel; wo sie frei und ruhig
athmen und die Frucht ihrer Arbeit genießen können. Eure neuen Steuern haben sie über die Grenzen
gejagt.*

Fürst: *Kämmerer! Was sagt Ihr dazu?*

I ter Höfling: *Fürst, der Kammerbeutel war leer, der Geist der Un-
ruhe ist in die Bauernbrut gefahren.*

Faust: *Seht Fürst, diese Greise, wie sie ihre grauen Haare
ausraufen; diese Wittwen, umgeben von Kindern, die
um Brod schreien. - Ihr nahmt ihre Söhne, die Stüt-
zen ihres Alters und verkauftet sie zur Schlacht-
bank.*

Fürst: *Was sagt ihr Höflinge dazu?*

I ter Höfling: *Herr, der Bundestratakt.*

Faust: *Still Fleischer! nur Satan besiegelt seine Tratakten
mit Menschenblut. Seht Fürst. -*

Fürst: *Genug Fremdling, du erschütterst mich. Wer bist du?*

Faust: *Faust.*

Fürst: *Wie, der Schwarzkünstler?*

Faust: *Schwarz ist meine Kunst, aber weiß und rein mein
Herz. Ja Fürst ich bin Faust und wenn Ihr wollt,
euer Freund.*

I ter Höfling: *Welch unerhörte Keckheit!*

Faust: *Schweigt, ihr Eulen der Nacht, denn die Sonne erscheint. - Ich weis es, euer Glaube ist es, ein Fürst
müßte keinen Freund um sich haben; nur Speichelle-
cker, Schmeichler, Jaherrn, Kuppler, Jäger und Jagd-*

Hunde. Euch klagt dieß Volk an, all dieß namen-
losen Elend's. - Euer Odem ist's, der die Luft rings
um den Fürsten vergiftet. - Ihr seid's die dem Fürsten
nach dem Fürstenhute greift, unbekümmert um das
Ende, wenn nur Ihr mit heiler Haut und fetten Bäu-
chen davonschleicht. Aber denkt an das Ende und
zittert!

Fürst: *Und das Alles Faust was du sagst wäre wahr? Ich*
glaubte meine Unterthanen höchst glücklich.

Faust: *Fürst, willst du das Jammergeschrei die Flüche, die*
Verwünschungen hören? Sprich; [...]

Das ist ein Faust, der sich von den Faustfiguren anderer Stücke durch seine harsche Gesellschaftskritik deutlich abhebt.

Als der seinem Herrn nachgereiste Kasper am Hofe von
Parma eintrifft, ist die Befragung Kaspers durch die Höflinge
nach seinem Herrn und dessen Herkunft wiederum das Satyrspiel zur Fürstenkritik, das Kasper in Arrest zu bringen droht.

Faust ist durch seinen mißlungenen Versuch, die politischen
Verhältnisse durch Aufklärung zu verändern, tief erschüttert.
Diese Erkenntnis seiner Ohnmacht ist der erneute Ansatzpunkt
für den Teufel, weitere Gewalt über sein Opfer zu gewinnen.
Da fragt sich Faust nach dem Sinn seines Teufelspaktes. Was er
anstrebte, hat er nicht erreicht, weil die Menschheit nicht bereit
ist, ihm zu folgen. „*Ich hatte einen goldenen Traum! Meine Seele sonnte*
sich an der glühenden Idee, Rächer zu sein der gemißhandelten Menschheit,
furchtbarer Würger des Lasters und der Thyrannei, Schirmer der Unschuld
und Schwäche." Nun bleibt ihm nur noch das, was der Teufel ihm
als das Eigentliche anbietet, der Genuß.[54] Daß der Teufel mit
seiner menschenverachtenden Haltung Recht behalten soll,
stürzt Faust in Verzweiflung bis hin zur Selbstaufgabe: „*Zerflei-*
schen möchte' ich mich und dich, daß du Recht hast [...] Die Tugend hat
mich ermordet. Gieße mir neues Leben ein." Das neue Leben soll in
den Armen der reizenden Helena, der Venus Griechenlands,
beginnen, doch als er sie berührt, verschwindet die teuflische

Erscheinung wieder, weil Faust noch von einem guten Genius beschützt wird.

Doch nun naht Fausts letzte Stunde. Noch einmal tauchen seine großen Ideen vor ihm auf, um derentwillen er den Pfad der Tugend verlassen hatte, um das Übermenschliche zu leisten, das er aber nicht zu verwirklichen vermocht hatte. Mephistopheles verweist Faust auf seine eigene Schuld, wenn er einst so glücklich gewesen sei, wie er jetzt in seiner Verzweiflung behauptet, warum habe er ihn dann gerufen? Nun solle sich Faust darauf vorbereiten, den Lohn für erbrachte teuflische Leistungen an die Hölle zu entrichten. Inzwischen ruft Kasper, das „Hexeneinmaleins"[55] zitierend, die Furien, die ihn aus Parma wegholen sollen.

Der letzte, fünfte Akt setzt sogleich mit einer Teufelsabsage ein: Kasper, vom teuflischen Fuhrmann in die Heimat zurückgebracht, nachdem er sich im Namen der Dreifaltigkeit zu befreien gesucht hatte, ist froh, aus der Fremde zurück zu sein: *„Is halt do gut, wenn ma weiß, wo ma daheim ist."* Damit ist auch die Befreiung von der höllischen Verbindung gemeint. Vom Teufelsbund frei, dem Dienst bei Faust entlaufen, ist er nun Gärtner bei Fausts Vater und Nachtwächter zugleich. Er glaubt, sich in einer ländlichen Idylle zu befinden, wo er sein gewohntes Kasperle-Leben führen kann. Doch Fausts Vater wirft ihm sein gärtnerisches Unvermögen vor und droht ihm mit Entlassung. Das kommt Kasper gerade recht, er wolle ohnehin heiraten. Die Umstände, unter denen Fausts Vater zu seinem bescheidenen Reichtum gekommen ist, sind Fausts Lieschen, die beim Vater des Geliebten geblieben ist, nicht geheuer. Dennoch nimmt sie Faust in Schutz, während der Vater alle Schuld im Studium des Sohnes zu finden meint. Da kommt es, für den Vater gänzlich überraschend, zu einer dritten Begegnung mit dem verworfenen Sohn, der, reumütig zum Vater zurückkehrend, um Vergebung bittet. Die dreimalige Begegnung zwischen Vater und Sohn

nimmt die heilige Dreizahl auf, so eine Verbindung zum Heils-
glauben wieder herstellend. Das Motiv des verlorenen Sohnes
klingt abermals an. Noch einmal retardiert die Handlung,
scheint eine Rettung Fausts möglich, dann nämlich, wenn der
Vater zur Vergebung bereit ist, die Geliebte sich liebevoll zu
ihm bekennt und der Sünder selbst Reue zeigt. Hoffnung keimt
ein letztes Mal auf, daß es möglich sei, der Hölle zu entgehen.

Da dringt erneut die unerbittliche Wirklichkeit in das be-
schauliche ländliche Leben. Die hohen Ideen Fausts von der
Befreiung der Menschheit haben das Volk erreicht, das aufbegehrt und Faust auffordert, im Befreiungskampf die Führung
zu übernehmen: *„Sag das ganze Land sei in Aufruhr.* [...] *Faust ist
ein kluger Mann, er soll sich an unsere Spitze stellen, und mit uns in
Aufruhr ziehen.“*[56] Doch Faust lehnt ab. Vorher hatte er noch
einmal seine edlen Menschheitsideale proklamiert. Eine gesell-
schaftskritische Argumentation klingt in den Gründen an, die
Faust vorbringt, um das fordernde Angebot der Aufständischen
abzulehnen, doch dann geht er gleich wieder auf seine wirklich-
keitsfremden Positionen zurück, die unerreichbar sind, auch mit
teuflischer Hilfe: *„Sie sollen vor allem das Eigenthum ehren, sonst stif-
ten sie nur eine Räuberhöhle. - Wollen sie alle edel sein; sollen Sie Alle
tugendhaft; wollen sie alle reich sein, sollen sie alle arbeiten.“* Die Kluft
zwischen idealischer Theorie und revolutionärer Praxis wird of-
fenkundig. Das so betrogene Volk fordert Fausts Tod, es weiß,
daß es ohne echten Anführer verloren ist. Daher fordert es jetzt:
*„Faust ist ein Verräther! Hängt ihn auf! Hängt ihn an den nächstbesten
Baum!“* Faust weiß keinen Ausweg mehr, er erkennt, daß seine
Möglichkeiten erschöpft sind, erkennt seine Illusion und sieht
allein in der erneuten Beschwörung teuflischer Hilfe einen Weg
zur Rettung, der in Wirklichkeit aber der Weg in den Untergang
ist. In der anschließenden Diskussion mit Mephistopheles zeigt
sich, daß Fausts Schuld nicht ein linearer Weg in den Untergang
ist, sondern ein differenzierter Versuch, Unmögliches zu leisten, der Faust wissend-unwissend schuldig werden läßt. Er
sucht Rettung nicht im genußvollen Vergessen, sondern beruft

sich erneut auf seine Ideen vom Menschenglück und Menschenrecht. Er vermag nicht zu erfassen, daß er an der konkreten Forderung nach hilfreicher Tat scheitert. Es ist der Teufel, der auf Fausts Vorwürfe hin mit ihm ins Gericht geht und ihm seine Schuld der Unmäßigkeit vor Augen führt. Das zerschmettert Faust. Er erkennt im Untergang seine Schuld und nimmt sie an: „*Ich bin gerichtet, auf ewig verloren! Halt ein Richter! verschone deinen Knecht, doch nein, ich allein bin schuld, das Urteil ist gerecht!*" Damit erhebt er sich im höllischen Ende über sein Schicksal und über Satan. Er gewinnt im Untergang Größe, die durch den heiteren, versöhnlich stimmenden Abgang Kasperls nichts verliert. Der letzte Satz Fausts, „*Ergreife mich Satan oder ich erwürge dich selbst*", ebenfalls von Soden übernommen (5,11), wo er das letzte Wort des Stückes ist, ist mehrdeutig, denn es gäbe mehr Sinn, wenn Faust seinen Triumph über die Hölle noch vergrößerte, indem er sich selbst das Leben nähme - einem Selbstmörder aber ist der Himmel verschlossen, verstieße er doch mit seinem Freitod gegen göttliches Gebot. So hat diese Fassung des Faust-Spiels noch im Untergang Fausts eine eigene Aussage. Durch das ganze Stück hindurch hat der gegenüber dem Teufel aufgeschlossene Faust immer noch so viel Menschenwürde, um sich zu behaupten, und endet so nicht als geschundener Kadaver auf dem Mist, zur schrecklichen Warnung der Zuschauer.

Das vorliegende Stück bleibt auf dem allgemeinen Niveau der anderen bekannten Faust-Puppenspiele. Die Figuren sind Typen, die eine Botschaft zu transportieren haben, nicht durchgeformt, zu Charakteren ausgearbeitet und keineswegs immer logisch handelnd. Sie haben im Spielverlauf, der sich nicht durch eine klare Dramaturgie auszeichnet, nur eine Funktion, die sie zu erfüllen haben. Die Fausthandlung folgt weitgehend Sodens „Doktor Faust", die Kasper-Szenen der Tradition der Puppenspiele. Im sprachlichen Ausdruck gibt es irreführende Formulierungen, die gegen die logische Struktur des Stückes verstoßen, auf einige wurde besonders hingewiesen. So ist das Stück keineswegs überzubewerten, aber aufmerksam sollte man doch werden auf einen Bearbeiter, der bestrebt war, der schlichten Puppentragödie besondere Akzente zu verleihen, die aufhorchen lassen.

Eine Bearbeitung literarischer Vorlagen auf eine ganz andere Art ist jenes Stück, von dem gesagt wird, es sei für Kindertheater gedacht. B. Bartholomäi, hat es unter dem Titel „Faust" zusammengestellt (Nr. 30 in der Puppenspielsammlung). Er stützt sich dabei auf Johann Wolfgang von Goethes und Nikolaus Lenaus Faustdichtungen, deren Texte er kompiliert.

Faust, von einem Spaziergang zurückgekehrt, will eine Leiche sezieren, um des Lebens dunkle Fährte zu verfolgen, will seinen Vertrag mit Mephistopheles aufkündigen. Es erscheint ein himmlisches Bild vor ihm. Faust meint, wenn er sich von dieser Erscheinung geliebt wüsste, müsste die Hölle verzweifelt von ihm weichen. Da klopft Hanswurst und stört Faust, dieser verlangt von Hanswurst, daß der ihm sogleich Nachbars Gretchen verschaffe, die bereits vor einem Jahr einmal Fausts Antrag zurückgewiesen habe. Faust wolle sie am nächsten Tag zu seinem Weibe nehmen. Für 100 Dukaten soll Hanswurst als Kuppler wirken.

Zimmer in Gretchens Haus.
Hanswurst tritt als Brautwerber Fausts auf und überreicht Gretchen ein Schmuckkästchen. Überrascht wegen der wiederholten Werbung meint Gretchen, sie müsse erst ihren Bruder um Erlaubnis fragen. Als Valentin auftritt, wiederholt Hanswurst Fausts Anliegen. Valentin verlangt, daß Faust um Mitternacht zur Kirche der Hl. Cäcilia gehen und von dort drei Lilien holen sollte. Wenn das geschehen sei, wolle er seine Zustimmung erteilen.
Hanswurst ist inzwischen seines vierundzwanzig Jahre dauernden Dienstes bei Faust überdrüssig geworden.

Fausts Zimmer.

Faust wartet bereits den ganzen Tag auf Hanswursts Rückkehr und läßt inzwischen sein Leben Revue passieren.

Es klopft an der Tür. Nach dreimaligem Herein Fausts erscheint Mephistopheles und erklärt, Faust, der sich dereinst dem Teufel ergeben hatte, habe nur noch ¼ Stunde zu leben. Er wirft Faust vor, daß er sich mit Gretchens Hilfe von dem teuflischen Vertrag befreien wolle. Faust gibt ihm recht:

„Das ist's Du Höllengeist, ich spotte Dein
Du Lügengeist, ich lache unserm Bunde,
Den nur der Schein geschlossen mit dem Schein.
Hörst Du, wir sind getrennt von dieser Stunde."

Doch Faust unterschätzt die Macht der Hölle. Faust habe sich ihr ohne ihr Zutun aufgedrängt. Das gesteht Faust ein und anerkennt damit die Macht des Teufels an, der ihn mit in die Hölle nimmt.

Diese Kompilation, die keineswegs kindgemäß genannt werden kann, bietet aber kaum Reize, sie den herkömmlichen Texten vorzuziehen, die zumindest in der derb-heiteren Kasper-Szenen vergnüglich sein können. Der Text kann aber gut als ein Beleg dafür gesehen werden, daß die Puppenspieler immer wieder versuchten, eine neue Facette dem alten Thema einzusetzen. Der Erfolg war sicher nicht sehr groß. Wer Goethe oder Lenau sehen oder lesen wollte, hatte sicher andere Möglichkeiten, sich mit dem Text zu befassen.

Das letzte der hier vorzustellenden Stücke stammt von Bäuerle: „Doctor Faust oder Kasper der lustige Nachtwächter. Ein Lustspiel mit Gesang in 3 Akten" (Nr. 31 in der Puppenspielsammlung). Damit sagt schon der Untertitel aus, daß weniger Faust, als vielmehr Kasper die Handlung bestimmt, den Ton angibt, und das noch im doppelten Sinne, denn es wird in diesem Stück viel gesungen.

1. Akt. Saal.

Faust wird von Studenten ein seit langem gesuchtes Buch überbracht. Hocherfreut erlaubt er Wagner, einen Diener einzustellen. Der einen neuen Herrn suchende Kasper tritt auf. Wagner kommt mit ihm ins Gespräch, er erkennt Kaspers Absicht, examiniert ihn in einem an Verwirrungen und Verdrehungen reichen Dialog und stellt ihn schließlich ein.

Wald/Nacht.

Faust zitiert um Mitternacht die höllischen Geister. Drei Furien erscheinen, Faust befragt sie nach ihrer Schnelligkeit und wählt den dritten, Mephistopheles, aus, der so schnell wie der menschliche Gedanke sei. Er soll Faust vierundzwanzig Jahre dienen, doch Mephistopheles will das nur zwölf Jahre tun, im Übrigen muß er noch die Erlaubnis seines Herrn Pluto einholen. Als Faust unter Zurücklassen seines Zauberkreises abgeht, ist er hochbeglückt. Kasper, der den Zauberkreis abholen soll, tritt hinein und beschwört versehentlich die Furien, die von ihm verlangen, daß er sich ebenfalls den Höllischen verschreibe. Mit Hilfe der Zauberworte läßt Kasper die Teufel so lange tanzen, bis sie schließlich entnervt unverrichteter Dinge abgehen.

2. Akt. Studierzimmer Fausts.

Mephistopheles kommt zu Faust, um mit ihm den Kontrakt abzuschließen: 1. Faust solle stets eine volle Geldbörse haben; 2. er solle alle verborgenen Schätze in Besitz nehmen; 3. Mephistopheles wolle vierundzwanzig Jahre lang immer für gute Gesundheit und gute Laune sorgen; 4. Mephistopheles solle Faust an jeden Ort der Erde bringen, wohin er auch immer wolle. Die Gegenforderungen des Mephistopheles lauteten: Faust solle vierundzwanzig

Jahre lang weder beten noch sich vermählen, und der Vertrag müsse durch Faust mit seinem eigenen Blut unterschrieben werden. Ein Vogel bringt den Vertrag eilends zu Pluto, der bereits begehrlich darauf wartete. Faust möchte nun nach Parma. Er reitet auf seinem Mantelsack durch die Luft dorthin.

Kasper tritt mit einem Geist auf, dann liest er in Fausts Büchern bis Mephistopheles kommt, sich als allmächtiger Haushofmeister Fausts zu erkennen gibt, der alle Wünsche Kaspers zu erfüllen bereit ist, wenn der ihm nur seine Seele verschreibe. Kasper lehnt das ab, dennoch bringt Mephistopheles Kasper auf einem Lindwurm durch die Luft nach Parma.

3. Akt.

Wagner erklärt Faust, daß er ihn verlassen wolle, weil er es unter den neuen Bedingungen nicht mehr aushält. Faust kniet nieder um zu beten und damit Wagner zurückzugewinnen.

Mephistopheles will Faust wieder für sich einnehmen, indem er ihn auf die Schätze verweist, die er ihm verschafft hat. Faust verwirft das Angebot des Mephistopheles unter Hinweis auf den armen Lazarus, der in Abrahams Schoß sitzt, während der Reiche in der Hölle schmort und bleibt bei seiner Bitte um Barmherzigkeit. Da präsentiert Mephistopheles Faust die schöne Helena. Mit ihr vermag er Faust wieder zu betören, nun ist Faust verloren.

Wagner, der an die Universität nach Tübingen gehen will, nimmt von Kasper Abschied, der ein Loblied auf ein fröhliches Leben singt. Dann aber wird auch Kasper bedenklich und er legt dem, was die Leute von Faust sagen, mehr Gewicht bei. Er will auch seinen Dienst aufkündigen und sich als Nachtwächter bewerben. In einer Arie beschreibt er seine Seelenlage:

„Den Teufel verschreib ich mich nicht

Das wär gegen Gewissen und Pflicht
Denn durch das abscheuliche Geld
Wird mancher gewaltig geprellt.
Was nützt mir denn Reichtum und Ehr
Wenn ich schon beim Teufel da wär
Und müßte beim Becher voll Wein
Dem Teufel sein Brüderchen sein.
Jetzt leb ich vergnügt bei dem Schmauß
Und lache den Teufel recht aus
Und bleibe ein ehrlicher Mann
Dann schaut mich kein Teufel mehr an.
Ja, nun werde ich hingehn und mich zu den Dienst melden,
denn singen kann ich ja, wie ein Pferd."

Der verlassene Faust ruft in finsterer Nacht nach Mephistopheles, der erscheint und führt ihm seinen Vertragsbruch vor Augen. Er gehöre nun der Hölle:

„Und wer in schwachen Witz
Denkt allzusehr zu steigen
Den wird der verwegene Fluch
Auch bald zur Erde beugen.
Und wer in schwachen Witz
Denkt allzuhoch zu stehn
Der muß also wie du
Gestürzt zu Boden gehen."

Faust erkennt jetzt, daß er verloren ist und will fliehen. Da begegnet er dem Nachtwächter Kasper, bei dem er nun um gut Wetter bittet: er möge ihn doch nach Hause begleiten. In einer weiteren Arie bekennt Faust seine Schuld:

„Ich bin gerichtet
Der Stab ist über mir gebrochen
Ach u. Weh ist über mich gesprochen
Das ist mein verdienter Lohn

Den ich bald empfind
Weil ich mich zu solcher Freveltat erkühnt. "

Kasper beschreibt nun seinerseits in einer Arie Fausts Ende:

„Hört meine Herrn u. laßt euch sagen
Die Glocke wird bald elfe schlagen
Bewahrt das Feuer u. auch die Kohlen
Bald wird der Teufel den Doktor Faust holen
Und das beim Kragen.
Hört alle meine Herrn u. laßt euch sagen
Wenn die Glocke wird zwölfe schlagen
Da werden wir den Doktor Fausten quitt
Denn die Teufel die nehm ihn mit
Und das beim Kragen."

Doch das möchte Kasper selbst nicht miterleben und entflieht, während Faust vom Teufel geholt wird.

Durch die Einfügungen der Couplets, oder, wie es im Text heißt, der „Arien", gewinnt das Stück einen Charakter, der an das österreichische Volksschauspiel eines Nestroy gemahnt. Die Tragik der Handlung wird im Couplet gebrochen, eine gewisse Schadenfreude vermag aufzukommen. Die Warnung vor dem Bund mit der Hölle, gleich, welche Ziele damit angestrebt werden, wird durch den Anklang an das Singspiel heiter, und dennoch bleibt das schlimme Ende des Sünders, das aber selbst Kasper nicht erleben mag. In anderen Texten singt Kasper nur das Nachtwächterlied mit den Ratsschlägen für die Bürger: *„Hört Ihr Leut' und lasst Euch sagen ..."*

So ist das Faust-Puppenspiel, wie es sich uns in den zweiunddreißig Texten darbietet, keineswegs ein Menschheitsdrama von höchstem philosophisch-religiösem Inhalt und artifiziellem Anspruch, es ist ein Lehrstück, das die Erkenntnis vermitteln will, daß der Mensch, der in übersteigerter Selbsteinschätzung den Respekt vor der Gottheit verloren hat, seine gottgegebene

Existenz verliert. Für ihn bleibt am Ende nur seine erdgebun-
dene Kreatürlichkeit, die ihn als Opfer der Hölle im Staube un-
tergehen lässt. Da hilft auch keine Buße mehr und selbst Margaretes Fürbitte vermag nur noch das Heil der Seele zu retten.
Das wird dem erschauernden Publikum plastisch vor Augen geführt mit hohem theatertechnischem Aufwand, mit Maschinen
und Feuerwerk und am Ende noch mit der Warnung, daß die
Erfindung der Buchdruckerkunst, die so viel Wissen vermittelt,
ein Teufelswerk sei.

Verzeichnis der Faust-Puppenspieltexte aus der Sammlung Stumme

Die Ordnung der Texte erfolgt nach den Bibliothekssignaturen. Die Beschreibungen geben die in den jeweiligen Texten enthaltenen Angaben einschließlich der Beigaben wieder. Die unterschiedlichen Schreibweisen der Verfassernamen beruhen wohl auf der Unsicherheit der Schreiber und auch G. Stummes. Besonders diese zeigen sowohl Stummes Sammeltätigkeit, wie sie auch einen kleinen Einblick in die soziale Situation eines aussterbenden Berufsstandes zu geben vermögen.

1. [Linck, Johannes:] Doktor Faust.　　　Signatur: F 5136
   47 Seiten 4° in Pappdeckeln.
   Aus München 1865.
   Am Ende: Aus dem Besitz von Johann Linck.
   Auf den Umschlag ist der Theaterzettel einer anderen Aufführung, „Doktor Johann Faust's Taten und Höllenfahrt" aufgeklebt.

2. Wüstemann, Johannes: Dr. Johann Faust. Drama in 6 Akten. Neu bearbeitet von Joh. Wüstemann.
   　　　　　　　　　　　　　　Signatur: F 5137
   127 Seiten. Unliniertes Papier, in blauem Pappumschlag.
   Am Ende: Gesetzt u. geschrieben zu Mertingen bei Donauwörth im Januar 1893 von Joh.Wüstemann.
   Notiz von Stumme, eingeklebt: Wüstemann s. Puppenspieler Bd.I. 150.166.

3. Liebhaber, Max: Dr. Faust.　　　Signatur F 5138
   Schreibheft, 41 Seiten 4°
   Dem Text nachgestellt: „Dieser Text Mundliche überlieferung von Meinen Vater. Anton Liebhaber. Welche ich heute noch in dieser Weise aus den Kopf spiele. Auf Wunsch von Herrn Kiermse habe ich diesen Text niedergeschrieben. Dies beglaubigt: Max Liebhaber."
   Darunter Notiz von G. Stumme: erhalten von Max

Kirmse am 11. 09. 1922. Dr. Stumme.
Beigelegt eine Postkarte:

> Herrn Dr. med. G. Stumme
> Leipzig Elsterstr. 33.

> > Altenburg, 30. 8. 22.

> Herr Dr. med. G. Stumme
> Theil Ihnen mit das ich heut hier war und Ihnen
> wieder einen Text besorgt habe.
> Es grüßt bestens
> Max Kirmse z. Zt. Tautenhain b. Geithain (Sach-
> sen)   In Eile.
> Mit Notiz G. Stummes: Liebhaber

Beiliegend ein Zettel Stummes: Liebhaber Puppenspieler
I, 2; II, 23/25; IV, 68/70.

4. Trommer, Ernst: Faust.   Signatur: F 5139
   Schreibheft. 109 S. 4° Mit Titelschild: Faust - Trommer-
   Leitner. (Von Stummes Hand)
   Vorderer Innendeckel: Erhalten durch Max Kirmse
   14.X.1921.
   Am Ende von Stummes Hand: Abschrift des Originaltext-
   buches von Ernst Trommer.
   Auf der letzten Seite Anmerkung von Dr. Stumme: Der
   Schneider Meck! Meck! Meck! Abänderung von „Ich bin
   der Schneider Kakadu" s. a. Anfang des XIX. Jahrhunderts
   aus den Schwestern von Prag von Wenzel Müller, Wien
   1794.
   S. Max Friedländer: Das deutsche Lied im 18. Jahrhundert.
   Stuttgart 1902. Bd. 2. S. 474.

5. Hentschel, Friedrich, Chemnitz: Faust. Zaubermärchen in
   5 Akten.   Signatur: F 5141
   Schreibheft in Pappdeckeln. 82 S. 4°
   Am Ende von Schreiberhand: Aus einem Originaltext von
   1887 von Friedrich Henschel Chemnitz geschrieben.
   Anschließend von Stummes Hand: von Max Kirmse in

Wilkau/Zwickau.
Auf dem vorderen Innendeckel von Stumme: Gekauft 24.
I. 1922 von Max Kirmse.

6. Bässler, Oswald, Theaterbesitzer: Faust. Signatur: F 5142
Schreibheft. 50 Seiten
Abschrift des Originaltextbuches von Theaterbesitzer
Oswald Bässler, Chemnitz. Abschrift von Max Kirmse. er-
halten von Max Kirmse 14. 10. 1921.

7. Hänel, Richard (Aus Eilenburg?): Dr. Faust, Professor zu
Wittenberg. Signatur: F 5143
Schreibheft, 79 Seiten.
Mit beiliegender, kaum lesbarer Postkarte:
Herrn Max Krämer. Theater, Kieritzsch Hotel zur
Post .
05.1922.
Sehr geehrter Herr Krämer! Ihre werte Karte er
halten. Wir hätten schon eher geschrieben, wuß
ten aber nicht wohin. Haben Sie das Stück Faust
erhalten? Ich habe es nach Zwickau geschickt.
Sollten Sie uns besuchen würden wir uns sehr
freuen. Die Bücher habe ich abgeschickt.
Gera-Reuß.
Bille ist in Taucha. Beste Grüße sendet (?) Richard
Haenel.
Abs.: Richard Haenel, Theaterbesitzer. Lanschwitz
(?) bei Köstritz. Gera-Reuß.
Auf beiliegendem Zettel, vermutlich von G. Stumme: Ich
bin der Schneider Kakadu Aus Wenzel Müllers Singspiel
Die Schwestern aus Prag. Wien 1794. Siehe Max Friedländer Das deutsche Lied im 18. Jahrhundert . Stuttgart
1902. Bd. 2. S, 474.

8. Liebhaber, H.: Dr. Faust. Signatur: F 5144
2 aus verschiedenen Schreibheften stammende Lagenbün-
del. 140 Seiten.

9. Fichte: Dr. Faust.   Signatur: F 5145
Schreibheft mit eingeschobenen Seiten. 147 S.
S.139 - 142 von anderer Hand, vermutlich von Max Kirmse.
Mit Eintragung Stummes am Kopf der Seite: Gehört nicht zu dieser Fassung. Vgl. Krieger (?) Dr. Faust............ [unleserlich] 1835 S. 61.13.- An der Seite: „gehört nicht hinein".
Am Ende des Einschiebsels wiederum von Stumme: Diese Seiten sind von Max Kirmse aus anderen Stücken ergänzt worden.
Auf besonderem Zettel von Stumme: „ich bin der Schneider Kakadu aus Wenzel Müllers Die Schwestern aus Prag. Wien 1794."

10. Grimmer, Fritz. Dr. Faust.   Signatur F 5146
Schreibheft. 49 Seiten.
Abschrift aus dem Originalbuch von Fritz Grimmer von A. Arend Halle i. Sa.
Erhalten 24. 02. 1922.

11. Brummer, Kurt: Dr. Faust oder die verhängnisvolle Osternacht. Tragödie in 4 Akten mit einem Vorspiel.
                                        Signatur F 5147
Theaterbesitzer. Zöpen b. Kieritzsch
Schreibhefte. 12, 125 Seiten mit Einfügungen von jüngerer Hand.
Abgeschrieben von G. Grube.
Szenenbemerkungen durch rot-blaue Umrandungen hervorgehoben.
Das Vorspiel ist von einer anderen Hand geschrieben.
In den handschriftlichen Text sind kleine gedruckte Zusätze eingeklebt.

12. Niedermeier, Ch. Heinrich: Doctor Johannes Faust zu Wittenberg. Lustspiel in 4 Acten von Pirinet. No 47.

Signatur F 5148

Schreibheft . 150 Seiten.

Eigenthum des Ch. H. Niedermeier aus Chemnitz. Wohnhaft seidt der Mitte Julie. 1864. in Breitenbrunn bei Schwarzenberg.

Stempel: Heinr. Niedermeier, Theaterbesitzer aus Aue in Sachsen.

Auf Titelblatt und Vortitel sind Zeichnungen aufgeklebt.

Auf dem hinteren Innendeckel und beigelegt gedruckte Personenverzeichnisse zu anderen Faust-Stücken, vermutlich aus Scheible.

Außerdem wurde vermerkt: Der eigentliche Titel war auf dem Umschlag aufgeklebt, nach Ablösen kam er dann zum Vorschein.

Der Umschlag des Schreibheftes ist mit gedruckten Ankündigungen von Faust-Spielen von Niedermeier und Klingemann beklebt, die kaum noch zu entziffern sind.

Seite 55 am Ende des ersten Aktes: Niederndorf den 30. Juni 1875.

13. Pader, Fritz: Dr. Faust. Nach dem Urtext in 4 Akten. Signatur: F 5149

Schreibheft. 91 Seiten.

Die Schrift anfangs sehr deutlich, verschlechtert sich vom 3. Akt an.

Am Ende: Geschrieben am 3. Juli 1927 Herr Apel (durchgestrichen) darunter Reese (?)

Auf dem vorderen Innendeckel: 10. 04. 1929.

Beigelegt ein Brief:

Brand d. 8.4.29

Herrn Dr. med. G. Stumme.

Leipzig

Anbei übersende ich Ihnen das gewünschte Faust buch, es ist   zwar hinten recht schlecht zu lesen,

aber Sie werden es schon herausbekommen. So (?) Sie das Buch behalten, so wollen Sie den Betrag bitte auf beiliegender Zahlkarte einzahlen. Mit vorzüglicher Hochachtung
Fritz Pader
Theaterbesitzer
z. Zt. Brand - Erbisdorf
Mittelstr. 16.

14. Weickert, Max, Augustusburg,: Dr. Johann Faust oder Kasper als reisender Diener und Nachtwächter. Zauberspiel in 4 Akten.   Signatur: F 5150
Schreibheft. 67 Seiten.
Am Ende: Abschrift von Max Weikert, Augustusburg durch Max Kirmse aus Wilkau b. Zwickau.
Letzte Seite: Abschrift eines Original-Theaterzettels. Erhalten von Max Kirmse 24. I. 1922.

15. Apel, Heinrich: Faust. Schauspiel in 4. Akten.Signatur: F 5151
Schreibheft. 70 Seiten. Sehr sorgfältige Schrift.
Auf dem Titelblatt: Eigentum: Heinrich Apel.
Auf den Außendeckel aufgezogen ein Theaterpro gramm:
H. Apels Marionetten - Theater Direktion:
Heinrich Apel
== Faust == Sein Leben, Taten und Höllenfahrt.
Urtext in 4 Akten.

16. Wünsch, Alexander: Dr. Faust der Höllenstürmer.
Signatur: F 5152
Schreibheft unliniert. 43 Seiten.
Abschrift Theodor Dietsch, 1892.
Am Ende: abgeschrieben von Alexander Wüsch (sic) z. Zt. in Kothensdorf. Markersdorf bey Burgstädt, den 28. April 1892.
Im Text Bleistiftergänzungen und Hinweise auf Texterweiterungen auf Beilageblättern. Diese fehlen jedoch.

17. Wünsch, Bruno: Dr. Faust.   Signatur: F 5153
    Schreibheft. 51 Seiten.
    Am Ende: Nach dem Originaltextbuch von Theaterbesit-
    zer und Seilkünstler Bruno Wunsch, abgeschrieben M.
    Kirmse.
    Eintrag Stummes: erhalten am 24. I. 1922.

18. Sprung oder Sprunk. Dr. Faust.   Signatur: F 5154
    Schreibheft. 81 Seiten
    Abschrift vom Originalbuch Sprung oder Sprunk . M.
    Kirmse.
    Erhalten am 24. I. 1922 von Max Kirmse.
    Bleistifteintragung bis auf „1891" unleserlich.

19. Bonesky, Richard. Dr. Johann Faust
    Lustspiel in 4 Akten.   Signatur: F 5155
    Schreibheft. 82 Seiten.
    Am Ende: Abschrift von Richard Bonesky Plauen Voigtl.
    Auf dem Titelschild: Abschrift von Max Kirmse.
    Eintrag von Dr. Stumme: erh. 14. X. 1921 von M. Kirmse
        Auf beiliegendem Zettel von Dr. Stumme: Bonesky s.
    Puppenspieler Bd. II. 23/25 88/89

20. Grimmer, C. Th.: Faust und Margarete. Schauspiel in 5
    Akten.   Signatur: F 5156
    Oktavheft. 99 Seiten.
    Auf der Rückseite des Titelblattes: NB. Die Aufführung
    dieses Stückes ist nur den Mitgliedern des Vereins „Ar-
    tist" gestattet. C. Th. Grimmer aus Bad Lauchstedt.
    Alle Rechte vorbehalten.
    Beiliegend eine Postkarte:
        Herrn Max Kirmse Wilkau (Sachsen) Kirchstr. 94.
                                       22.12.1921
        Absender: C. Th. Grimmer, Nietleben, Bez. Halle
    Für Zusendung der Bücher besten Dank. Werde
    davon aber   jedenfalls keinen Gebrauch machen
    können, da ich kein Stück   mir mehr einzustudie

ren vermag wegen vorgerücktem Alter. Habe die
Bücher wieder zum Zurücksenden emballiert; je
doch wegen den großen Portokosten die Absen
dung unterlassen bis Sie bestimmen, ob ich das
Paket unter „Nachnahme" oder „unfrankiert"
Ihnen zusenden soll. Betreffend das Niederschrei-
ben des Faust-Textes muß ich bedauern Ihren
Wunsch nicht (wenigstens vorläufig) erfüllen zu
können, da ich mit meiner Frau nur allein mein
Geschäft betreibe, so bleibt mir zu einer Neben-
Beschäftigung keine Zeit. Fröhliche Feiertage
wünschend grüßt bestens   Mechanikus und Theaterbesitzer C. Th. Grimmer.
Abschnitt einer Paketkarte:

29. 12. 1921
Hiermit erhalten Sie die freundlich geliehenen Bücher zurück mit bestem Dank. Gleichzeitig erhalten Sie auch vorläufig d. 1. Akt von F. Ein fröhliches Neujahr wünschend grüßt C. Th. Grimmer.

21. Richter, Alwin. Dr. Faust.   Signatur: F 5157
Schreibheft. 86 Seiten.
Am Ende: geschrieben von Heinrich Richter 1921
Alwin Richter in Chemnitz - Kappel
Eintrag von Dr. Stumme: erhalten am 14. X. 1921 von Max
Kirmse
Am Ende von Max Kirmse: Abschrift vom Original Zettel.

22. Dehner, Karl.: Doktor Faust's Geisterbeschwörung und
Höllenfahrt. In 5 Akten
Signatur: F 5158
Schreibheft. 84 unterschiedliche Seiten.
Überliefert von Karl Eisen / mündliche Überlieferung.
Geschrieben aus dem Kopfe von Karl Dehner Mindel-
heim/Bay. AI
Am Ende: Geschrieben aus dem Kopfe nach mündlicher

Überlieferung von Karl Dehner, Kasperl-Theaterbesitzer
Mindelheim Bay. A I.
Beigelegt: Mitteilungen an Dr. Stumme.
1. Mindelheim den 11. Februar 1929.
Herr Dr. Stumme!
Im Auftrage von Herrn Löwenhaupt in Offen
burg, erlaube ich mir Ihnen ein Plackat von meinem Kasperl-Theater zu senden vom Dr. Faust u.
erlaube sogleich anzufragen ob Sie Interesse haben an meinem Fausttext. Es zeichnet Hochachtungsvoll Karl Dehner,
Mindelheim Bay.
Maximilianstr A I.

2. Mindelheim den 17. II. 29
Adr: Karl Dehner
Kasperl Theater
z. Zt. in Aulendorf Württbg.
Wohlg. Herrn Dr. Stumme!
Ihren werten Brief dankend erhalten u. erlaube
mir Ihnen meinen Dr. Faust zu senden, wie ich
ihn von meinen Großeltern gelernt habe. er ist für
Kasperl-Theater umgearbeitet. Bei Nichtgefallen
können sie ihn mir wieder zurücksenden. Vom
Herrn Löwenhaupt habe ich durchschnittlich 35 -
40 RM für ein Stück bekommen. Ich habe Ihnen
noch sehr schöne Stücke-Original da. Vorstellun-
gen gebe ich grundsätzlich nur auf Kinderfesten in
Württemberg, wie Geislingen/Stg., Calw, Nagold,
Nürtingen/Neckar, Saulgau, Wangen/Allgäu, Bi
berach/Riß, Leutkirch, Isny/Allgäu, Stuttgart,
Cannstatt u.s.w. Das Kasperltheater, sowie Marionetten existieren so zirka 100 Jahre in unserer Familie. ich fahre Montag den 18. II. nach Württemberg u. gebe mit Kasperltheater wieder Vorstellun-

gen in den Schulen. Zurückkommend auf den Fausttext können Sie mir bezahlen nach Ihrem Gutachten, wie mehr desto lieber, da 5 Kinder habe u. seit Dez. nichts mehr verdienen konnte, da ich furchtbar an Rheumatis leide. In der Hoffnung das Ihnen der Text gefällt, zeichne ich Hochachtungsvoll Karl Dehner.

3. Aulendorf d. 23.II.29.
Herr Stumme!
Erlaube mir freundlichst anzufragen, ob Sie den Text vom Dr. Faust erhalten haben u. ob er Ihnen gefällt? Bin bis zum 25. II. 29 wieder zu Hause.
Hochachtungsvollst Karl Dehne
Notiz Stummes schwer lesbar: Zahlung den 24./2. 25 M. erl. 24/2 Antw. 24/2

4. Mindelheim, d. 25.2.29.
Sehr Geehrter Herr Dr. Med. G. Stumme
Da ich von meinem Sohn erfahren habe, das Sie Theaterstücke kaufen, so Ersuche ich Sie freundlichst, ob Sie noch einige Stücke kaufen würden, das ich auch von meinem Marionettentheater habe. Ich habe Herrn W. Löwenhaupt Adler-Apotheke in Offenburg auch mehrere Stücke den Winter geschickt. z. Bsp. Das Vaterunser, die Stolze Hildegard, Kasperl mit dem Zauberspiegel, Das Zauberschloß, Die Verwirrung, Die Räuber auf Maria Kulm, Die Sandlinger Bauernschlacht, Hochmut kommt vor dem Fall oder Kasperl der lustige Kesselflicker, Die vertauschte Grafentochter oder das Mädel im Mehlsack, Wie man böse Weiber fromm macht, Die grobe Wirthin von Fischbach, Die hl. Nothburga, Anna, die Wirts-

tochter oder die verfolgte Unschuld, Der 7jährige Kriegsgefangene oder die Christenverfolgung, Die Mutter Gottes Linda von Ascholding oder das Zauberfeldtreiben. Alle die Stücke hat Herr Löwenhaupt. Bitte Sie daher freundlichst mir sobald als möglichst Antwort zu geben, was für Stücke oder wie viel Sie möchten, es sind lauter schöne Theaterstücke. Da mein Mann schon den ganzen Winter krank, so könnten wir sehr notwendig wider arbeit brauchen. Mit aller Achtungsvoll zeichnet Frau Elise Dehner.

23. Vom Heede, Dachau/Bayern, Max: Dr. Faust.
    Signatur: F 5159
    Schreibheft. 121 Seiten.
    Am Ende: Abschrift vom Originalbuch Max vom Heede, Dachau (Bayern).
    Vorderer Innendeckel, Eintragungen von Dr. Stumme: erhalten am 3.7.1922 von Max Kirmse. siehe hierzu den Text von Zapf vom Jahre 1865 über Max von Heede. Das Puppentheater 1922/1 1. Band Heft 11, S. 165.

24. Bruneschky, Constantin: Doctor Faust. Lustspiel in 4 Akten.
    Signatur: F 5160
    Schreibheft 116 Seiten.
    Am Ende: Originalbuch von Giudo Bunschky Theaterbesitzer. Ende nachgeschrieben von Max Kirmse Wilkau (Sachsen)
    Auf dem vorderen Innendeckel von Dr. Stumme: Constantin Borneschky (!) + 1839 oder Anfang der 40er Jahre.
    s. C. Engel Deutsche Puppentheater XII Band Oktober 1842 S. XXIII.
    s.a. Kollmann Deutsche Puppenspieler. 1. Lieferung 1891 S. 81 ff; 92 ff.

[Korrektur von Hans Henning: Verf.: Constantin Brune-schky !]
Auf beiliegendem Zettel Notizen von Dr. Stumme:
Auf dem Schildchen des Umschlags restl. (?)
Docktor Faust Lustspiel in 4 Ackten von Constantin Bon
[zu ergänzen eckky] + Ende 1839 Das Manuskript ist nach
der alten Handschrift von ... (?) Borneschky persönlich mit
schwarzer Tinte.
auf S. 39 - 41 von anderer jüngerer Hand , S. 111 - 113
ebenso andere Hand, ebenso auf S. 47Änderungen einer
zweiten in violetter Tinte
Abschriftverbesserung S. 64
Durchstreichung mit Bleistift S. 65
Unterstreichung mit Bleistift S. 28
der kurze Schluß fehlt (s. Kasperl Theater Nr. Das Puppenspiel vom Doctor Faust (hrsg. von W. Hamm) Leipzig
1850. Eingeklebt ist ein Blatt aus dem Originaltext von
Guido Boneschky aus späterer Zeit in Abschrift von Max
Kirmse.
Im Ganzen ist der von Hamm mitgeteilte Text aber mit ......
die wohl gleichzeitig sind.
die S. 48/49 fehlen im Druck.
die S. der Handschrift entsprechen dem Druck (H) s. n. S.
wie folgt:
(Bo) (H)
1 3
3 - 4 5
5 - 7 6 - 7
7
11 - 15 14 - 15
15 - 28 16 - 22
29 - 36 10 - 14
37 - 41 22 - 24
42 - 48 25
48 - 49 --

50 - 59 32 - 36
60 - 81 37 - 48
82 - 88 48 - 52
89 53
90 - 98 53 - 56
99 57 - 58
100 - 105 59 - 61
105 - 108 62 - 63
109 - 110 64 - 67
111 - 112 - 70

25. Genzel, Fritz: Docktor Faust aus Wittenberg. Schauspiel
in 4 Akten.   Signatur: F 5161
Schreibheft. 93 Seiten
Auf dem Umschlagschildchen: Docktor Faust aus Witten-
berg Fritz Genzel in Oldenburg, Rastede und Holz-
warden.
Beigelegt 2 Postkarten:
   Rastede, 10. Okt. 1921
   Herrn Max Kirmse Wilkau!
   Teile Ihnen mit, daß ich im stande bin, Ihnen ein
   recht altes   Faustbuch zu verschaffen, und werde
   Ihnen solches in nächster Zeit zuschicken. Leider
   kann ich Ihnen keine weitern Adressen angeben
   doch wenden Sie sich man an die schulzesche
   Hofbuchhandlung in Oldenburg. Dort können Sie
   Fausttexte für Puppenkomödien, sowie Kommen-
   tare erhalten.
   Hochachtungsvoll Fritz Genzel.
   Holzwarden in Oldenburg,
                                          14.11.21
   Herrn Max Kirmse Wilkau!
   Entschuldigen Sie bitte mein Schweigen. Ich war
   krankheitshalber verhindert, Ihnen für die mir zu-
   gesandten Bücher zu danken, indem ich es hiermit
   nachhole, teile ich auch zugleich mit, daß ich

Ihnen leider keine Texte über die von Ihnen ge-
wünschten Bücher senden kann, da der Text nur
im Kopfe sitzt und grade diese Beiden faßt gar
keine Repertoirestücke mehr waren. Für Ihre Auf
klärung danke Ihnen leider habe ich nichts Neues
erfahren, jedenfalls Dank für den guten Willen.
Ihre Stücke werde ich mal vornehmen ich denke,
daß ich sie spielen kann. Nochmals Dank u.
Grüße Fritz Genzel z.Z. Holzwarden i. Oldenburg.

26. Koppe, Richard: Doctor Faust. Lustspiel in 4 Akten.
Signatur: F 5162
Schreibheft. 79 Seiten.
Auf dem hinteren Innendeckel von Stummes Hand: 21. XI.
1920 von Kirmse in Wilkau
Auf beiliegendem Zettel von Stummes Hand: Ich bin der
Schneider Kakadu aus den „Schwestern von Prag" Lust-
spiel. Wien 1794. .... (unleserlich) Ich bin der Schneider
Wetz-Wetz-Wetz, das Schneidergenie. a. d. Anfang ....
(unleserlich)

27. Bonneschky, August von: Doctor Faust. Heroisch, komi-
sches Schauspiel in 4 Acten nebst einen Vorspiel.
Signatur: F 5163
Schreibheft. 179 Seiten
Poss: Aug. v. Bonneschky
begonnen: Penig 15 Febr
beendigt Niedersteinbach b. Penig 18 März 1889.
Rob. Dietrich
Titelschildchen: Doctor Faust.
Namensschildchen: Bonneschky Aug. von.
Vorderer Innendeckel: 8./6. 37. Die Nummerierung der
Seiten von mir.
Kleiner eingeklebter Zettel, darauf von Dr. Stummes
Hand: Titel.

Begonnen 15. Februar Penig
Beendigt Niedersteinbach b. Penig 18. März 1889
Robert Dietrich
S. 148: Niedersteinbach 11./3.
89
Weiterer eingeklebter Zettel mit gedrucktem Personenver-
zeichnis:
Personen:
Der Herzog von Parma
Bianka, seine Gemahlin
Orestes, dessen Rat
Johannes Faust, Professor zu Wittenberg
Wagner, sein Famulus
Kaspar, ein reisendes Genie
Mephistopheles, ein Fürst der Hölle
Auerhahn, Furie
Vitzlipußli, Furie
Mexo, Furie
Alexo, Furie
Die schöne Helena
Beiliegend 1 Karte und 2 Briefe:
17. - 29. Mai [19]37
Herrn Dr. med Stumme, Chirurg , Leipzig. Els-
terstr. 33.
Durch Herrn Prof. Dr. Kollmann erfuhr ich kürz-
lich, daß Sie sich für handgeschriebene Puppen-
spielbücher interessieren. Ich erlaube mir dem-
nach Ihnen ein „Faust-Textbuch" aus meiner
Theater-Bibliothek zu offerieren, und bitte mir
mitteilen zu wollen, ob Sie Interesse am Ankauf
dieses Buches haben. Ich bin bereit Ihnen selbiges
zum Preis von 20,00 M zu überlassen. - Mit deutschem Gruß
Daniello Wünsch, Marionetten-Theaterbes.

Notiz Stummes: 20,- RM Ps. 17.6.37.

Marionetten-Theater Meißen. Direktion: Familie
Albert Wünsch

Meissen, Wittigstr. 17, d. 7. Juni 1937.
Sehr geehrter Herr Dr. Stumme!
Übersende Ihnen hiermit das gewünschte Faust-
Buch zur gefl. Einsichtnahme. Aus welcher Zeit
der Text stammt, ist mir leider nicht bekannt, ich
weiß nur, daß der Verfasser ein gewisser Herr Dr.
Klingemann ist. Möglich wäre, daß vielleicht Herr
Prof. Kollmann darüber orientiert ist, zu welchen
Zeitpunkt das Stück niedergeschrieben wurde. Jedenfalls könnte ich der Meinung sein, daß der vor
liegende Text wol als eines der schönsten Faust-
Puppenspiele mit gelten kann. Mit einem Zettel
kann ich Ihnen leider nicht dienen, da selbige bis
auf den letzten Rest aufgebraucht sind, und infolge der Stilllegung unseres Unternehmens vor 3
Jahren nicht wieder erneuert worden sind. Da ich
nun beabsichtige, in nächster Zeit auf einige Tage
nach Leipzig zu kommen werde ich mir erlauben,
sofern es Ihnen genehm ist, einmal persönlich bei
Ihnen mit vorzusprechen.
Mit deutschem Gruß ! Daniello Wünsche

Meissen, Wittigstr. 17, d. 14. Juli 1937.
Sehr geehrter Herr Dr. Stumme!
Zunächst quittiere ich dankend den Empfang der
mir übermittelten 20 M. - Etwas erstaunt war ich
über Ihre Mitteilung daß der Verfasser meines
Faust-Textes nicht Dr. Klingemann ist. Allerdings
kann ich es nicht behaupten und habe mich bei
dieser Meinung ganz und gar auf die diesbez.
früheren Aussagen meiner vor einem Jahre verstorbenen Mutter gestützt, denn dieses Spielbuch

haben auch früher meine Eltern benützt. -
Anbei übersende ich Ihnen nun im Auftrag meines Schwagers Heinrich Apel in Dresden dessen Faust-Buch zur gefl. Ansicht, er ist bereit es Ihnen für 10 m zu überlassen. Auch ist er in der Lage Ihnen mit einen weiteren Text aufzuwarten, und zwar eine von ihm selbst durchgeführte Umarbeitung von Göthes Faust für die Marionettenbühne, auch bereits schon von ihm aufgeführt. Falls Sie Interesse an diesen Buch haben, wollen Sie es uns bitte gelegentlich mitteilen.

Heil Hitler! D. Wünsch

Notizen Stummes: 20./VII. 37 PS 9 M 49 [?]

28. Hinz, Johann: Doctor Faust. Deutsches Puppenspiel aus Ungarn.   Signatur: F 5164
Maschinenschriftliches Manuskript. 10 Blatt.
Letztes Blatt: 1925 veröffentlichte Robert Gragger im Archiv f. d. St. d. d. Spr. u. Lit. , 80. Jahrgang 148. Band
D.N.S. 48. Band, S. 161/180: Deutsche Puppenspiele aus Ungarn.
Der vorliegende Faust entstammt den Aufzeichnungen des Puppenspielers Joh. Hinz, dessen Familie von 1842 bis 1895 in Ungarn, Bosnien, Serbien und Rumänien herumreiste. Der Faust ist von den hier veröffentlichten vier Stücken das dritte. Der Text ist in der Orthographie des Budapest-Josephstädter Dialekts ohne Änderung wiedergegeben. auf 170 - 176.
Zum besseren Verständnisse wurde die phonetische Wiedergabe in Schriftdeutsch übertragen, was erst nach achtmaligem Durchlesen resp. Vorlesen gelang. Die Manuskripte der Stücke und der Wanderbücher befinden sich seit 1911 in der Handschriftabteilung des Ungarischen Nationalmuseums (Oct. hung. 684).
Von dem vorliegenden Stück wurde eine Reinschrift und zwei Durchschläge angefertigt. Zurück am 10.07.48.

29. Heideck, Karl H. von: Doctor Faust. Zauber-Drama in 3
Ackten   Signatur: F 5167
Unliniertes Heft. 45 Seiten
Eintragung nach dem Text:
Dieser Schwank wurde vom General Karl W. von Hei-
deck [recte: Haydeck] aus München verfaßt und im Palais
desselben an einem Herrenabend im Beisein König Lud-
wig des I aufgeführt.
Die Originalhandschrift, die dieser Abschrift zu Grunde
liegt, ist Eigentum des Herrn Vereinsakteurs a. D. Jos.
Schniedo [recte: Schmidt], Marionetten-Theaterbesitzers
in München Blumenstraße 31. Derselbe stellte sie mir am
13. III. 1906 zum Copieren zur Verfügung mit einigen er-
läuternden Zeilen.
Nur der Titel und das Personenverzeichnis sind von der
Hand des Generals, das Übrige ist von einem Schreiber
geschrieben und vom General verbessert worden.
Das Manuskript zeigt außerdem von anderer Hand zahlreiche Regie Änderungen, die in der vorliegenden Abschrift mit gelbbrauner Tinte eingetragen sind. Streichun-
gen sind durch Klammern bezeichnet, Textänderungen
dazwischen geschrieben.
Die Abschrift wurde am 13t - 16t März 1906 gemacht.
Dazu: G. Stumme. Meine Faustsammlung. Bearb. von H.
Henning. - Weimar 1957. S. 42. „*1909 wich ich aus verschiedenen Gründen den Jubiläumsfeierlichkeiten der Leipziger Universität aus und trat die längst beabsichtigte Reise nach Süddeutschland
und Österreich-Ungarn an. Anfangs hielt mich München fast vier-
zehn Tage fest, die hauptsächlich durch Arbeiten in Kliniken und
Museen besetzt waren. Trotzdem suchte ich den Puppenspieler Papa
Schmidt und den Lehrer Moriz Maier auf.*
*Papa Schmidt zeigte mir sein reizendes kleines Marionettentheater
mit dem ganzen Fundus. Schon 1906 hatte er mir auf meine Bitte
die handschriftliche Faust-Parodie des Generals von Haydeck, die
im Beisein Ludwig I. aufgeführt wurde, zur Abschrift zugesandt.*

1912 starb Papa Schmidt im Alter von 91 Jahren." (Zusatz von
K. Kra.)
Beiliegend:

> Hochgeehrter Herr Doktor!
> Ihren Brief vom 5. d. Mts nebst den beiden Faust-
> Heftchen habe ich erhalten und habe ich jenes
> vom „Faust" als Kindertheater behalten, dagegen
> sende ich jenes von Carl Engel anbei dankend
> wieder zurück , da ich selber bereits besitze.
> Die Heideckische Bearbeitung ist hoch interessant
> und ist ein loser Schwank, welcher seinerzeit im
> Palais des Generals an einem Herrenabend unter
> Anwesenheit des Königs Ludwig I. zur Auffüh-
> rung gelangte.
> Wenn Sie sich eine Abschrift hiervon machen las-
> sen wollen, so habe ich nichts dagegen nur bitte
> ich um baldige Rücksendung des hier mitfolgen-
> den Manuscriptes.
> Titel und Personenverzeichniß sind von der Hand
> des Generals geschrieben und für meine Biblio-
> thek sehr werthvoll.
> Wie Sie aus dem beifolgenden Theaterzettel erse-
> hen, findet am 21. d. Okts eine Faustvorstellung
> statt.
> Hochachtungsvollst ergebenster J. Schnie
> [Schmidt] Blumenstr. 31 c München am 12. März
> 1906.

Besonderer Zettel:

> Ist Ihnen nicht Herr Professor Dr. Arthur Koll-
> mann Sedanstr. No 14 bekannt?
> Derselbe interessiert sich nicht nur für mein Thea-
> ter sondern auch für Faust.

30. Bartholomäi, B.: Faust. Zusammengestellt für das Kindertheater.   Signatur: F 5168
Unliniertes Schreibheft. 14 Seiten.

Titelschildchen: Ulmer Dokckenkomödie (!) Faust von B.
B. (Bartholomäi)
Mit Bleistiftbemerkungen Stummes.
Am Ende des Textes eine lange Eintragung:
Das Stück gehörte zum Repertoire des Puppenspielers I.
Weyermann in Ulm, über dessen Thätigkeit Prof. Dr. Ve-
erenmeyer in einer Sitzung des Vereins für Kunst und Al-
tertum in Ulm am 4. Jan. 1887 ausführlich berichtete (Ul-
mer Tagblatt 1887 . No 30, Sonntag den 6. Febr. S. 180.)
Weyermann + Sept. 1845, sein Bruder + 1863.
Seitdem ist die Ulmer Dockenkomödie eingegangen. Die
Textbücher der einzelnen Stücke hat Prof. Veerenmeyer s.
Z. von Frau Weyermann erworben.
Nach diesen wurden Abschriften angefertigt, die zusam-
men mit einigen auf der Dockenkomödie bezügl. Sachen
nach Prof. Seuffers Tode aus dem B. Schysbergschen An-
tiquariat Cat. 279 No. 2920 am 18. X. 1907 von mir erwor-
ben wurden.
Das Convolut enthielt folgendes: Eine Abschriftenserie ff.
Stücke
I Der Vielfraß
II Hanswurst als Soldat
III Die drei barmherzigen Schwestern oder Hanswurst als
Paperl
IV Die 3 Proben oder s' Lipperle oder Hanswurst wird
Herr im Hause
V Der Rentier oder der Kaminfeger
VI Der Fabritz oder das Unglück mit der Parocken
VII Die Liebesprobe
XIV Der Zauberer (Schluck) (?)
VIII Die Visit (?) an der Friedrichsau oder der Lippel oder
Mode Hansgen
X Der Kapaun oder der Herr Schwagerr
XI Don Juan (erste Hälfte)
XI Don Juan (zweite Hälfte)

XII Der Todentanz auf Engelhaus (mit Zugrundlegung des Don Juan)
XV Faust (Anfang)
XV Faust (Schluß)
IX Der Männerhandel
XIII Hanswursts Tod
XIV Der Zauberer (Anfang)
Eine 2t. Reihe von Abschriften enthält ff. Stücke
1 Der Leutnant oder Hanswurst als Soldat
2. Die drei barmherzigen Schwestern
4. Der Schäfer oder die über standene Liebesprobe
5. Der Vielfraß
6. Der Kapaun
7. Don Juan
8. Der Herr Vetter
Zu verschiedenen Stücken, darauf:
9. Der Kaminfeger oder der Herr Vetter
13. Mannsbilder Markt
12. Der Zauberer
14. Hans Wursts Tod
ferner noch ein Heft von Prof. Seuffers Hand enthaltend:
Zwischenspiel: Ey so beiß an oder der unzufriedene Holzhacker
Burlesque Scharlotta gehört zu der Kapaun.
Gedruckt ist davon nur Hanswurst's Tod oder wie man seine Schulden bezahlt. (Sonntagsbeilage des Ulmer Tagblattes No. 7 (zu No. 35) u. No. 8 (zu No. 42) 1887. S. 225 -263))
Dieselbe liegt hier bei [Ist nicht der Fall.] Ferner enthält das Convolut noch:
Vortrag des Herrn Prof. Dr. Veesenmeyer in Ulm über die Ulmer Dockenkomödie im Verein für Kunst und Altertum am 4. Jan. 1887. (nach dem Originalmanuskript von Prof. G Seutter) 15; 55 stark --
Abschrift eines Manuskripts (der Männerhandel) von P.

Lederer [Ulm Stadtbibl. 7036. 4. IV. E 19]

Weyermanns Scherenschleiferlied in verschiedenen Abschriften

Eine Anzahl Briefe die Dockenkomödie betreffend

Die Stücke enthalten zahlreiche Zusätze und Correcturen von der Hand Seuffers.

Die Abschrift des vorliegenden Stückes „Faust" für die Faustsammlung erfolgte vom 12. - 14. X. 1907.

31. Bäuerle: Doctor Faust oder Kasper der lustige Nachtwächter. Ein Lustspiel mit Gesang in 3 Akten.

Signatur:F 5169

Unliniertes Schreibheft. 39 Seiten

Titelschildchen: Hugo Grimmer | Doctor Faust | Kaspar der lustige Nachtwächter.| Ein Lustspiel mit Gesang in 3 Acten von Bäuerle.

Abschrift aus einem am 10. Dezember 1866 fertig geschriebenen Manuskript. des Hugo Grimmer von Max Grimmer [Beide Namen wurden von Stumme hinzugefügt]

Am Ende: Bei der Abschrift ist die unorthographische Schreib- und Redeweise beibehalten.

32. Bille, Johann August: Doctor Faust.   Signatur: F 5170

Unliniertes Schreibheft. 66 Seiten.

Titelblatt: Doctor Faust von Johann August Bille aus Saathayn bei Elsterwerde den 23. Oktober 1835.

Auf dem Vorsatzblatt von Stummes Hand: Die Originalhandschrift des Billeschen Faust befindet sich im Besitz des Herrn Georg Ehrhardt in Dresden.

Wegen ihrer Fehlerhaftigkeit und Unleserlichkeit fertigte der Marionettentheaterbesitzer A. Neumeister eine Abschrift an, welche Herr Ehrhardt wiederum copierte.

Nach letzterer ist vorliegende Abschrift während des Januar 1906 angefertigt worden. (Abschluß am 18. I. 1906)

Anmerkungen

[1] H. Henning: Faust-Bibliographie. T. 1-3. - Berlin, Weimar 1966 - 1976. (Bibliographien, Kataloge und Bestandsverzeichnisse.) Teil 1. Allgemeine Grundlagen. Gesamtdarstellungen. Das Faust-Thema vom 16. Jahrhundert bis 1790. Teil 2,1. Goethes Faust. Ausgaben und Übersetzungen. Teil 2,2. Goethes Faust. Sekundärliteratur. Teil 3. Das Faust-Thema neben und nach Goethe. - Siehe dazu auch: H. Henning: Die Weimarer Bibliotheca Faustiana. - In: Weimar. Einblicke in die Geschichte einer europäischen Kulturstadt. - Leipzig 1999. S. 361-371.

[2] Dr. Gerhard Stumme (1871 - 1955), Arzt in Leipzig, hatte sich seit früher Jugend mit der Sammlung von Dokumenten unterschiedlichster Art zum Faust-Thema beschäftigt. Aus seiner umfangreichen Sammlung waren verschiedene bedeutende Ausstellungen hervorgegangen. In seinen autobiographischen Aufzeichnungen ("Meine Faust-Sammlung". Bearbeitet von Hans Henning. Weimar 1957) gibt es so manchen interessanten Hinweis auf seine Sammlertätigkeit.

[3] Georg Heinrich Wilhelm Ehrhardt, geb. am 22. Sept. 1862 in Dresden, Sekretär bei der sächsischen Zoll- und Steuerdirektion, hatte in Dresden und im Vogtland Verwendung gefunden, bis er sich 1927 krankheitshalber pensionieren ließ. 1934 verstarb er in seiner Vaterstadt Dresden. Stumme kannte ihn seit 1899. Ehrhardt hatte im Vogtland mit den dort herumziehenden Puppenspielern Verbindungen angeknüpft, wobei ihm der Puppenspielergehilfe Max Kirmse behilflich gewesen war. "Ehrhardt war auch schriftstellerisch tätig und veröffentlichte 1905 das Faust-Puppenspiel von Richard Bonesky (Georg Ehrhardt vom Zimmerwalde: ,Das Puppenspiel vom Doktor Faust, wortgetreu nach dem handschriftlichen Textbuche des Marionettentheater-Besitzers Richard Bonesky.' Dresden: Alicke 1905)" heißt es bei Stumme A.a.O. S. 37.

[4] Im Anhang werden die heute noch in der Herzogin Anna Amalia Bibliothek vorhandenen Faust-Puppenspiele aufgeführt.

[5] G. Stumme: Meine Faust-Sammlung. S. 53 f.

[6] G. Eversberg. Doctor Johann Faust. Die dramatische Gestaltung der Faust-Sage von Marlowes „Doktor Faustus" bis zum Puppenspiel. Diss. Köln 1988.

[7] J. Scheible. Das Kloster. Bd. 5. Stuttgart 1847.

[8] J. Leutenbecher. Die älteste dramatische Bearbeitung der Faustsage, oder der Marionetten-Faust. In: Das Kloster 5 (1847), S. 718-728.

[9] F. H. von der Hagen. Das alte und neue Spiel von Dr. Faust. In: Das Kloster 5 (1847). S. 729-746.

[10] K. Simrock. Doctor Johannes Faust. Puppenspiel in vier Aufzügen. Frankfurt 1846. Heute leicht zugänglich: Doktor Johannes Faust. Puppenspiel in vier Aufzügen hergestellt von K. Simrock. Mit dem Text des Ulmer Puppenspiels. Hrsg. von G. Mahal. Stuttgart 1991. (Universal-Bibliothek. Nr. 6378). Eine spätere, ähnliche Bearbeitung in Prosa stellt der von C. Höfer kompilierte Text dar, der in Leipzig 1914 zum ersten Mal als Nr. 125 der „Insel-Bücherei" erschienen war. Zum Ulmer Puppenspiel siehe auch Schott. Das Ulmer Puppenspiel vom Dr. Faust. In: Besondere Beilage des Staats Anzeigers für Württemberg, 1928. Nr. 13, S. 298-304.

[11] Doktor Johannes Faust. Puppenspiel in vier Aufzügen hergestellt von K. Simrock. Mit dem Text des Ulmer Puppenspiels. Hrsg. von G. Mahal. Stuttgart 1991. (Universal-Bibliothek. Nr. 6378). S. 6.

[12] K. v. Holtei: Die Vagabunden. Bd. 1 – 3. 2. Aufl. – Breslau 1860. – Vgl. dazu: H. Lübke: Die Berliner Fassung des Puppenspiels vom Doktor Faust. - In: Zeitschrift für deutsches Alterthum und Litteratur. NF. 31, S. 105 ff.

[13] Vgl. dazu: dtv-Lexikon der Antike. Religion, Mythologie. Bd. 1. München 1970: „Fährmann, der die Toten über den Grenzfluß (Styx oder Acheron) der Unterwelt (Hades) setzt; als Fährgeld legte man den Toten einen Obolos in den Mund." Und ausführlicher: Der Kleine Pauly. Lexikon der Antike in fünf Bänden. Bd. 1. München 1979

[14] Georg Eberhard von Zinnwalde hatte bereits 1905 die „Chemnitzer Fassung" des Faust-Puppenspiels herausgegeben: „Das Puppenspiel vom Doktor Faust, wortgetreu nach d. hsl. Textbuche d. Marionetten-Theater-Besitzers Rich. Bonnesky". Vgl. dazu Stumme a.a.O. S. 36 f.

[15] Stumme. A.a.O. S. 37.

[16] Reallexikon der deutschen Literaturgeschichte. 2. Aufl. Bd. 3. Berlin, New York 1977. S. 294

[17] Vgl. dazu: E. Frenzel: Stoffe der Weltliteratur. Ein Lexikon dichtungsgeschichtlicher Längsschnitte. 7., berb. u. erw. Aufl. – Stuttgart 1988. S. 211 = Kröners Taschenausgabe. Bd. 300. „Die Identität Fausts mit dem Mainzer Buchdrucker Fust hatte zuerst J. G. Neumann 1683 behauptet."

[18] H. Schedel: Register des Buchs der Croniken und geschichten mit figuren und pildnussen von anbeginn der welt bis auf dise unnsere Zeit. Durch Georgium Alten ... in diss Teutsch gebracht. – Nürnberg 1493.

[19] „In der Herberge erholten wir uns wieder von unserm Abenteuer. Der Postillion hängte sein Horn an einen Nagel beim Küchenfeuer, und ich setzte mich ihm gegenüber. Nun hört, ihr Herren, was geschah! Auf einmal gings: Tereng! Tereng! Teng! Teng! Wir machten große Augen und fanden nun auf einmal die Ursache aus, warum der Postillion sein Horn nicht hatte blasen können. Die Töne waren im Horne festgefroren und kamen nun so, wie sie nach und nach auftaueten, hell und klar zu nicht geringer Ehre des Fuhrmanns heraus.[...]" Gottfr. Aug. Bürger: Des Freiherrn von Münchhausen Reisen und Abenteuer. Leipzig 1950. S. 35.

[20] 1. Petrusbrief 5. Zitiert nach: Historia von D. Johann Fausten. Neudruck des Faust-Buches von 1587. Hrsg. u. eingel. V. H. Henning. Halle/S. 1963 = Literarisches Erbe 1. S. 7 f.

[21] Der Spruch leitet sich aus der Ars Poetica des Horaz ab, in der im Vers 333 Folgendes steht: *„Aut prodesse volunt aut delectare poetae."* Korrekt übersetzt bedeutet dies *„Die Dichter wollen entweder nützen oder unterhalten"*, und zwar im Sinn des ausschließenden *entweder – oder*. Es handelt sich in diesem Satz keinesfalls um die Aussage, die Dichter wollten beides zugleich. Dies ist erst im nächsten Vers ausgedrückt: *„aut simul et iucunda et idonea dicere vitae"*, zu deutsch *„oder zugleich Erfreuliches und für das Leben Nützliches sagen"*. Die Aussage des Horaz lautet also: *Dichter wollen in einem Werk entweder nützen oder unterhalten oder beides.*

[22] Vers 1238 ff.

[23] Hausgeist, guter Diener des Hauses.

[24] Im Faustbuch der Reihe C 1 lautet das erste Pluskapitel: *„Es hatten etliche frembde Studenten aus Vngern, Polen, Kernten vnd Osterreich, so zu Wittenberg mit Doc. Fausto viel umbgiengen, eine Bitte an jhn geleget, als die Leipziger Meß angegangen, er sollte mit jn dahin verrücken, möchten wol sehen was da für ein Gewerb were, vnd vor Handelsleute zusammen kemen, so hatten jhr auch etliche vertröstung, Gelt allda zuempfahen. D. Faustus willigte, vnd leiste Gesellschaft. Als sie nu zu Leipzig hin vnd wider spacirten, die Vniversitet sampt der Stad vnd Meß besahen, giengen sie ohn gefehr vor einem Weinkeller vor vber, da waren etliche Schröter vber eim grossen Weinfasse, vngefehrlich von 16. oder 18. Eymern, woltens aus dem Keller schroten, kondtens aber nicht heraus bringen, das sahe Doct. Faustus, sprach, wie stellet jhr euch so leppisch, vnd ist ewer so viel, könt doch wol einer allein dis Faß herausser bringen, wenn er sich recht darzu zu schicken wüste. Die Schröter wurden vnwillig solcher rede halben, vnd wurffen mit vnnützen worten vmb sich, weil sie jhn nicht kandten, wie dann dis Gesindlein pflegt zu thun, Als aber der Weinherr vernam, was der Zanck war, sprach er zu Fausto vnd*

seinen Gesellen, Wolan, welcher vnter euch das Faß allein wird heraus
bringen, dem sol es sein. Faustus war nicht faul, gieng bald in den Keller,
satzte sich auffs Faß, als auff ein Pferd, vnd reit es also schnell aus dem
Keller, darüber sich jederman verwunderte. Des erschrack der Weinherr,
vermeinte nicht, das solchs were müglich gewesen, muste aber doch seine
Zusage halten, vnd Fausto das Faß mit Wein folgen lassen, der gab es
seinen Wandersgesellen zum besten, die luden andere gute Freunde darzu,
hatten etliche tage lang einen guten Schlampamp darvon, vnd wusten vom
Glück zu Leipzig zu sagen." (Historia von D. Johann Fausten.
Neudruck des Faust-Buches von 1587. Hrsg. u. eingel. von H.
Henning: Halle/S. 1963. Literarisches Erbe. 1. S. 164 f.)

[25] „*Es studierten damals zu Wittenberg einige vornehme polnische Her-*
ren von Adel, welche mit Doktor Faust viel umgingen und gute Kund-
schaft bei ihm hatten. Nun war eben zu dieser Zeit die Leipziger Messe;
sie verlangten daher sehr, dieselbe einmal zu besuchen, teils weil sie von
ihr oft und viel gehört, teils weil etliche dachten, allda von ihren Landsleu-
ten Geld zu erheben. So baten sie denn den Doktor, er wollte doch, wie
sie wüssten, daß er's könnte, mit seiner Kunst so viel zuwegen bringen,
daß sie dahin gelangen möchten. [...]

Folgenden Tages besahen sie die Stadt, verwunderten sich über die Kost-
barkeiten der Kaufmannschaft, verrichteten ihre Geschäft, und als sie wie-
der nahe zu ihrem Wirtshaus kamen, nahmen sie wahr, daß gegenüber in
einem Weinkeller die sogenannten Wein- und Bierschröter allda ein Faß
Wein, sieben oder acht Eimer enthaltend, aus dem Keller schroten oder
bringen wollten, vermochten aber doch solches nicht, wie sehr sie sich auch
deswegen bemühten, bis etwa ihrer noch mehr dazukämen. Doktor
Faustus und seine Gesellen standen da still und sahen zu; da sprach
Faust (der auch hier seiner Kunst wegen wollte bekannt werden) fast höh-
nisch zu den Schrötern: ,Wie stellet ihr euch doch so läppisch dazu, seid
eurer so viel und könnet ein solches Faß nicht zwingen, sollte es doch einer
wohl allein verrichten können, wenn er sich recht dazu schicken wollte!'
Die Schröter waren über solche Rede recht unwillig und warfen, dieweil sie
ihn nicht kannten, mit herben Worten um sich, unter andern: Wenn er
denn besser als sie wüsste, solch Faß zu heben und aus dem Keller zu

bringen, so sollte er's in aller Teufel Namen tun, was er sie viel zu vexieren hätte? Unter diesem Handel kommt der Herr des Weinkellers herzu, vernimmt die Sache und sonderlich, daß der eine gesagt, es könne das Faß einer wohl allein aus dem Keller bringen; deswegen spricht er halb zornig zu ihm: ‚Wohlan, weil ihr denn so starke Riesen seid, welcher unter euch das Faß allein wird herauf und aus dem Keller bringen, dem soll es sein!' Doktor Faustus aber war nicht faul, und weil eben etliche Studenten dazugekommen, ruft er diese an zu Zeugen dessen, das vom Weinherrn versprochen, ging also hinab in den Keller, setzte sich recht breit auf das Faß, gleich als auf einen Bock, und ritt, so zu reden das Faß, nicht ohne jedermanns Verwunderung, herauf: darüber denn der Weinherr sehr erschrak; und ob er wohl vorwandte, daß dieses nicht natürlich zuginge, musste er doch sein Versprechen halten, wollte er anders nicht den Schimpf zusamt dem Schaden haben. Also ließ er das Faß mit Wein dem Doktor Faustus verabfolgen, der es denn seinen Gesellen, zugleich auch den Zeugen, den Studenten, zum Besten gegeben, welche alsbald Anstalt machten, daß das Faß in das Wirtshaus geliefert wurde, wohin sie noch mehr andere gute Freunde baten und sich etliche Tage davon lustig machten, solang ein Tropfen Wein darin war." Gustav Schwab: Das Volksbuch vom Doktor Faustus. Berlin 1988. (FABULA) S. 40 ff.

[26] „*1) Er soll Gott und allem himmlischen Heer absagen. 2) Er soll aller Menschen Feind sein und sonderlich derjenigen, so ihn seines bösen Lebens wegen würden strafen wollen. 3) Den Pfaffen und geistlichen Personen soll er nicht gehorchen, sondern sie anfeinden. 4) Zu keiner Kirche gehen, die Predigten nicht besuchen, auch die Sakramente nicht gebrauchen. 5) Den Ehestand hassen, sich in denselben nicht einlassen, nie verehelichen.*" A.a.O. S. 12.

[27] „*Als er nun solche grässliche Verschreibung verfertigt hatte, erschien bald darauf der Teufel in eines grauen Mönchs Gestalt und trat zu ihm, da denn Doktor Faustus ihm seine Handschrift eingehändigt, darauf dieser gesagt: ‚Fauste, dieweil du denn mir dich also verschrieben hast, so sollst du wissen, daß dir auch soll treulich gedienet werden. Ich jedoch, als der Fürst dieser Welt, diene persönlich keinem Menschen; alles, was unter*

dem Himmel ist, das ist mein, darum diene ich niemand: aber morgenden
Tags will ich dir einen gelehrten und erfahrnen Geist senden, der soll dir
Zeit deines Lebens dienen und gehorsam sein; sollst dich auch vor ihm
nicht fürchten noch entsetzen, er soll dir in der Gestalt eines grauen
Mönchs, wie ich anjetzo, erscheinen und dienen. Hiermit nehme ich diese
deine Handschrift; und gehabe dich wohl!' Also verschwand er." A.a.O.
S. 16.

[28] *„So sprach er denn einsmals zu sich selber: Ich habe gleichwohl bei mir*
die heil. Bibel und noch andere christliche Bücher mehr; ich kann in die-
sen wohl lesen, ob mir gleich die Kirche und der Gottesdienst verboten ist;
mit diesen will ich zu Hause meine Kirche anstellen; es muß mein böses
Gewissen dem Teufel nicht allezeit offen stehen; es ist doch noch bei mir
ein kleines Fünklein einiger Zuversicht und eines Andenkens an Gott!
Wer weiß, Gott möchte sich meiner dermaleins noch erbarmen! Hierauf
ist der Geist Mephistopheles zu ihm getreten und hat ihm diese seine Ge-
danken vorgehalten, sprechend: 'Mein Herr Fauste, ich will dir deines jet-
zigen Vorhabens halber ganz und gar nicht zuwider oder daran hinder-
lich sein; allein eins bitte ich dich, betrachte wohl, was du in dem vierten
Artikel deiner Verschreibung zugesagt und versprochen; das halte, willst
du nicht in Unglück geraten. Das Bibelbuch belangend (denn die andern
achte ich nicht), soll dir wohl darin zu lesen vergünstiget sein; jedoch nicht
mehr als das erste, andere und fünfte Buch Moses; der anderen Bücher al-
ler, ohne den Hiob, sollst du müßig gehen [...]" A.a.O. S. 23 ff.

[29] *„Da berichtete ihm denn der Geist ausführlich, zu welcher Klasse von*
Geistern er selbst gehöre, wie viel der bösen Geister seien, warum der Teu-
fel aus dem Himmel verstoßen worden; er erzählte ihm, wiewohl widerwil-
lig und voll Ingrimm, vom Himmel und den himmlischen Heerscharen,
von den Engeln vor Gottes Thron, vom Paradies; dann wieder von der
Ordnung der Teufel, von ihrer Hoffnung, dereinst noch selig zu werden.
[...]" A.a.O. S. 25.

[30] *„Gleicherweise spielte er auch einem Rosstäuscher, bald nachher, auf ei-*
nem Jahrmarkte mit, der zu Pfeiffering gehalten wurde. Denn Faust rich-
tete sich durch seine Kunst ein schönes lichtbraunes Pferd zu, mit welchem

er auf den Markt geritten kam, eben zu der Zeit, da es am meisten Käu-
fer gab. Er fand ihrer viel, die das Pferd feil machten, und weil es von
schöner Höhe, dazu hübsch proportioniert aussah, trieben die Käufer ei-
nander hinauf, bis letztlich Doktor Faust mit einem übereinkam, der
ihm vierzig Gulden bar bezahlte, dazu sich nicht anders einbildete, als
hätte er einen sehr guten Kauf getan. Ehe nun Faustus das Geld zu sich
zog, bittet er den Rosstäuscher, er solle das Pferd unter zweien Tagen
nicht in die Schwemme reiten, welches ihm der Rosstäuscher versprach und
so groß eben nicht auf das Versprechen achtete, also davonritt und voller
Hoffnung war, ein Ansehnliches dabei zu gewinnen. Dem Rosstäuscher
fällt unterwegs, da er an ein fließendes Wasser kam, ein, was doch sein
Verkäufer damit möchte gemeint haben, daß er das Pferd unter zweien
Tagen nicht in die Schwemme reiten solle; wollte es demnach versuchen
und also den nächsten Weg durchs Wasser fortreiten: als er nun aber fast
in die Mitte des Wassers kam, siehe, da verschwand das Pferd, der Ross-
täuscher aber saß auf einem Büschel Stroh, und hätte es leicht geschehen
können, er wäre in Gefahr geraten.“ A.a.O. S. 39.

[31] Bei Schwab wird hier der Text der „Historia“ durch Einbeziehung der Sagengestalt vom getreuen Eckhart erweitert s.
A.a.O. S. 56 ff. das Puppenspiel nimmt diesen Bezug aber wieder zurück, lässt die Gestalt aber mehrmals als Nothelfer auf-
tauchen, wenn auch ohne Erfolg.

[32] Praedestination (lat. Vorbestimmung) stellt das menschliche
Leben unter den ausschließlichen Willen eines allmächtigen
Gottes.

[33] In der „Historia“ ist das die große Klage Fausts: „Oratio
Fausti ad Studiosos“, die natürlich für ein Puppenspiel zu um-
fangreich ist, um wiedergegeben zu werden, (A.a.O. S. 131 ff.);
bei Schwab streckt sich der Sühneversuch ebenfalls über Tage
und damit über viele Textseiten hinweg, was für den Handlungsablauf zu ermüdend wäre, wird doch das Spektakel des
Höllensturzes erwartet. A.a.O. S. 88 ff.

[34] Verwendet auch in Christopher Marlowe (1564 - 1593) „The Tragical History of Doctor Faustus".

[35] Vgl. dazu Stumme A.a.O. S. 54.

[36] Das ist ein auf den italienischen Arzt und Naturforscher Luigi Galvani (1737 - 1798) zurückgehendes Teilgebiet der Galvanotechnik, das sich u. a. mit dem Abformen von Gegenständen, auch von Druckformen für den Rotationsdruck, beschäftigt. Dabei werden Modelle aus Substanzen mit niedrigem Schmelzpunkt (Metalle, Wachs, aber auch Gips oder Kunststoffe) hergestellt und galvanisch mit einer dicken Metallschicht überzogen. Diese Schicht kann vom Modell oder Original abgetrennt werden und ist als Negativ mit hoher Detailtreue verfügbar. Brockhaus - Die Enzyklopädie. 20. Aufl. Bd. 8. 1997. S. 131

[37] Friedrich Franz Karl Hecker (1811 - 1881) trat nach dem Studium in den bayerischen Staatsdienst ein, war 1848 als radikaler Demokrat und Republikaner Mitglied des Frankfurter Vorparlaments. In dem mit Gustav von Struve organisierten bewaffneten Aufstand gegen die württembergische Regierung unterlag er. Er floh zunächst in die Schweiz, später ging er nach Amerika, wo er sich am Bürgerkrieg beteiligte. Er kehrte zwar wiederholt besuchsweise nach Deutschland zurück, wo er sich jedoch mit der politischen Rolle Preußens nicht anfreunden konnte. Im „Heckerlied" („Sollte jemand fragen, lebet Hecker noch ...") und im „Heckerhut" ist seine Gestalt volkstümlich geworden.

Das Heckerlied.

Dreiunddreißig Jahre, dreiunddreißig Jahre,
Dreiunddreißig Jahre währt die Knechtschaft schon.
Nieder mit den Hunden, nieder mit den Hunden,
Nieder mit den Hunden von der Reaktion.
Blut muß fließen knüppeldick.
Vivat hoch die deutsche Republik!

Blut muß fließen, Blut muß fließen, Blut, Blut, Blut!

Sollt Euch jemand fragen, sollt Euch jemand fragen,
Sollt Euch jemand fragen: Lebet Hecker noch?
So sollt Ihr ihm sagen, so sollt Ihr ihm sagen,
So sollt Ihr ihm sagen: Ja, er lebet noch!
Er hängt an keinem Baume, er hängt an keinem Strick,
Sondern an dem Traume der deutschen Republik
Blut muß fließen, Blut muß fließen, Blut, Blut, Blut!

Gebet mir Ihr Großen, gebet mir Ihr Großen,
Gebet mir Ihr Großen, Euern Purpur her!
Das gibt rote Hosen, das gibt rote Hosen,
Das gibt rote Hosen für der Freiheit Heer.
Für der Freiheit Rechte, für der Freiheit Reich,
Wir sind keine Knechte, wir sind alle gleich.
Blut muß fließen, Blut muß fließen, Blut, Blut, Blut!

Reißt die Konkubine, reißt die Konkubine,
Reißt die Konkubine aus dem Fürstenbett!
Schmiert die Guillotine, schmiert die Guillotine,
Schmiert die Guillotine ein mit Fürstenfett!
Blut muß fließen knüppeldick.
Vivat hoch die deutsche Republik!
Blut muß fließen, Blut muß fließen, Blut, Blut, Blut!

Die Achtundvierziger, Ein Lesebuch für unsere Zeit. Von B. Kaiser. – Weimar 1952. S. 411f.

[38] Der spätere preußische Ministerialbeamte Reichsgraf Friedrich Julius Heinrich von Soden, (1754 - 1831), Erzähler, Dramatiker, Publizist, Historiker und Nationalökonom, gehörte zu den populären Autoren um 1800. Sein Drama „Doktor Faust. Volksschauspiel." erschien 1797 in Augsburg. Wir zitieren nach dem Druck in: W. E. Wendriner. Die Faustdichtung vor, neben und nach Goethe. Bd. 3. Berlin 1913. S. 151 - 298, mit Angabe von Akt und Szene.

[39] Soden hatte sie in seiner 9 Bände umfassenden „National-ökonomie" Leipzig 1805 - Nürnberg 1824 niedergelegt.

[40] Vgl. dazu Gotthold Ephraim Lessing: „*Nicht die Wahrheit, in deren Besitz irgendein Mensch ist oder zu sein vermeint, sondern die aufrichtige Mühe, die er angewandt hat, hinter die Wahrheit zu kommen, macht den Wert des Menschen. Denn nicht durch den Besitz, sondern durch die Nachforschung der Wahrheit erweitern sich seine Kräfte, worin allein seine immer wachsende Vollkommenheit besteht. Der Besitz macht ruhig, träge, stolz -. Wenn Gott in seiner Rechten alle Wahrheit und in seiner Linken den einzigen immer regen Trieb nach Wahrheit, obschon mich immer und ewig zu irren, verschlossen hielte und spräche zu mir: Wähle! ich fiele ihm mit Demut in seine Linke und sagte: Vater, gib! die reine Wahrheit ist ja nur für dich allein!*" (Eine Duplik. 1778.) in: G. E. Lessing: Gesammelte Werke. Bd. 8. - Berlin 1956. S. 27.

[41] Nach J. H. Campe: Wörterbuch der Deutschen Sprache. Th. 1, A - E. - Braunschweig: 1807, S. 617, bedeutet Brenner auch derjenige, der das Brennen versteht und verrichtet, oder gewisse Körper durch Brennen zubereitet, vervollkommnet und zum Gebrauch geschickt macht. Im Wörterbuch der Bairischen Mundarten in Österreich. Bd. 3.- Wien 1983. Sp. 887, wird Prenner als gaunersprachliche Bezeichnung für Scharfrichter und Erpresser bzw. Erpreßter nachgewiesen

[42] Die Gestalt Brenner ist aus Sodens „Doktor Faust". (1797) übernommen. Dort heißt es bei den Dramatis personae: Brenner, Student, sein Freund. Tückischer Wüstling. Nachlässig und unordentlich gekleidet.

[43] Neun Jahre nach der Niederschrift dieses Textes heißt es zu Pluto und Proserpina in der 3. Auflage von W. Vollmers „Wörterbuch der Mythologie aller Völker. Neu bearb. von W. Binder. - Stuttgart: 1874. S. 383. (Reprint: Leipzig 1979.): Pluto, „der Reichthumgeber", zuerst Beiname, dann eigentlicher Name des Gottes der Unterwelt. Er ist Jupiters und Neptuns Bruder; ihm fiel bei der Teilung der Welt die Region unter der Erde zu, und

ist demnach der Beherrscher des Hades, des Schatten- und Todtenreiches. [...]Er hatte Proserpina zur Gattin [...]. Hier ist noch der Gott der Unterwelt Hades Pluton, Sohn des Kronos und der Rhea mit dem Gott des Reichtums Plutos, Sohn des Jason und der Demeter als eine Figur gesehen.

[44] Ob hier der Autor an Fausts Vision im 2. Teil von Goethes Dichtung Vers 11 559 ff. gedacht hat, sei dahingestellt.

[45] Hier finden wir abermals einen deutlichen Hinweis auf Goethes „Faust": „*Um Lebens oder Sterbens willen / Bitt ich mir ein paar Zeilen aus.*" / "*Auch was Geschriebnes forderst du Pedant?*" (Vers 1714 f.) und „*Die Hölle selbst hat ihre Rechte?*" (Vers 1413).

[46] Bei Soden „Doktor Faust" heißt es richtig: Du selbst, Gib ihm Gold, Überfluß, ein kummerloses Alter. (2,7)

[47] Vgl. dazu: G. Büchmann: Geflügelte Worte. Bd.2. München 1967. S.587: „*Das bekannte Wort Natura non facit saltum findet sich in dieser Form zuerst in dem ‚Discours véritable de la vie ... du géant Theutobocus, roy des Theutons' (1613), reproduit par Fournier, ‚Variétés histor. et littér.' IX. 248: „Natura in operationibus suis non facit saltum.*" [...]" Dieser Lehrsatz galt in der philosophischen Theorie bereits seit Aristoteles und ist auch bei Goethe als Gedanke zu finden. (19. März 1807 zu Riemer. Vgl. Goethes Gespräche in 4 Bdn. Erg. u. hrsg. von W. Herwig. Bd. 2, 1805. 1817. - Zürich, Stuttgart 1969. Nr. 2414 S. 201. - Der Gedanke wurde von Soden im „Doktor Faustus" (3,1) übernommen.

[48] Diese Klage und Verzweiflung erinnert an die Osternacht in Goethes „Faust. 1. Teil".

[49] Wörtliche Übernahme aus Sodens „Doktor Faust" 3,7.

[50] Solche Raketen kannte man vom Feuerwerk her, aber auch in alten Artilleriebüchern aus dem 16. Jahrhundert, wie sie auch in der Herzogin Anna Amalia Bibliothek zu finden sind,

sind solche Raketen abgebildet. Vgl. dazu: K. Kratzsch: Kostbarkeiten der Herzogin Anna Amalia Bibliothek. Leipzig 1993. S. 206. ‚Von der Kunst der Büchsenmeisterei' Abb. 99.

[51] Vgl. dazu: G. Eversberg a. a. O.: IV. zur Interpretation der verschiedenen Faustgestaltungen. 4. Die Herrschersatire. S. 224-231, besonders S. 228 ff.

[52] Aus Sodens „Doktor Faust" 4, 7 f.

[53] Aus Sodens „Doktor Faust" 4, 8.

[54] „Dem Taumel weih ich mich, dem schmerzlichen Verlust." J. W. v. Goethe. Faust. 1. Teil. Vers 1766.

[55] J. W. v. Goethe. Faust. 1. Teil. Vers 2540 ff.

[56] Diese Szene findet ebenfalls bei Soden ihr Vorbild, wird aber in der Aussage verändert: nicht Faust lehnt ab, sondern das Volk wendet sich gegen Faust, als der die Aufgabe von Hab und Gut fordert: „Doktor Faust" 5,6.7

Von Konrad Kratzsch erschien außerdem:

Almanach dramatischer Spiele. Facs. – Leipzig: Edition 1972.

Das Weimarer Liederbuch. Facs. – Leipzig: Edition 1976.

Biblia pauperum / Apokalypse. Facs. - Leipzig: Edition 1977.

Gebetbuch der Margarete von Rodemachern. – Berlin: Union-Verl. 1978.

Martin Luther. Biblia. Facs. – Leipzig: Reclam 1983.

Illuminierte Holzschnitte aus der Luther-Bibel von 1534. – Berlin: Union-Verl. 1983.

Alte Globen aus den Beständen der Nationalen Forschungs- und Gedenkstätten der klassischen deutschen Literatur. – Weimar: NFG 1984.

Achim von Arnim. Erzählungen. – Berlin, Weimar: Aufbau-Verl. 1984.

Jahrbuch der Weltbegebenheiten. Facs. - Leipzig: Edition 1984.

Hartmann Schedel. Weltchronik. Facs. – Leipzig: Edition1990.

Rainer Maria Rilke. Briefwechsel mit Rolf Ungern Sternberg und weitere Dokumente zur Übertragung der *Stances* von Jean Moréas. Hrsg. v. Konrad Kratzsch unter Mitarb. v. Vera Hauschild. Frankfurt/M., Leipzig: Insel-Verl. 2002.

Kostbarkeiten aus den Beständen der Herzogin Anna Amalia Bibliothek. 3. Aufl. - Leipzig: Edition 2004.

Klatschnest Weimar. Ernstes und Heiteres, Menschlich-Allzumenschliches aus dem Alltag der Klassiker. Aus den Quellen dargestellt. 3., wesentl. erw. Aufl. – Würzburg: Königshausen & Neumann 2009.

Von Büchern und Menschen. Arbeiten aus drei Jahrzehnten als Bibliothekar an der Herzogin Anna Amalia Bibliothek in Weimar. – Hamburg: tredition 2017.

Goethes tatkräftige Helfer. Vulpius-Riemer-Eckermann. Ein Nachtrag zum „Klatschnest Weimar". – Hamburg: tredition 2020.

FSC
www.fsc.org

MIX

Papier | Fördert
gute Waldnutzung

FSC® C083411

Zeitfracht Medien GmbH
Ferdinand-Jühlke-Straße 7
99095 Erfurt, Deutschland
produktsicherheit@kolibri360.de